Hendrik C. Jahn, Frank Riemensperger,
Stephan Scholtissek Hg.

Sourcing

Hendrik C. Jahn, Frank Riemensperger,
Stephan Scholtissek Hg.

Sourcing

Die Toolbox:
Wie Sie Ihre Wertschöpfungskette optimieren

IM F.A.Z.-INSTITUT

Bibliografische Information Der Deutschen Bibliothek –
Die Deutsche Bibliothek verzeichnet diese Publikation in der
Deutschen Nationalbibliografie; detailliertere bibliografische
Daten sind im Internet über http://dnb.ddb.de abrufbar.

Hendrik C. Jahn, Frank Riemensperger, Stephan Scholtissek Hg.

Sourcing

Die Toolbox:
Wie Sie Ihre Wertschöpfungskette optimieren

F.A.Z.-Institut für Management-,
Markt- und Medieninformationen GmbH,
Frankfurt am Main: 2004

ISBN 3-89981-026-0

Frankfurter Allgemeine Buch
IM F.A.Z.-INSTITUT

Copyright F.A.Z.-Institut für Management-, Markt-
und Medieninformationen GmbH
Mainzer Landstraße 199
60326 Frankfurt am Main

Umschlaggestaltung Rodolfo Fischer Lückert
Satz Umschlag F.A.Z.-Marketing/Grafik
DTP-Layout Rodolfo Fischer Lückert, F.A.Z.-Institut für Management-,
Markt- und Medieninformationen GmbH
Druck Druckhaus Beltz, Hemsbach

Alle Rechte, auch des auszugsweisen
Nachdrucks, vorbehalten.

Printed in Germany

Inhalt

Vorwort — 7
Stephan Scholtissek

I Grundlagen

Intelligentes Sourcing – Die theoretische Fundierung — 11
Lars Friedrich / Tom Gellrich / Andreas Hackethal / Mark Wahrenburg

Intelligentes Sourcing – Die praktische Fundierung — 27
Hendrik C. Jahn

Strategisches Sourcing – Die Managementaufgabe — 37
Holger Reimers / Sebastian Raisch

Die Arbeitswelt im Wandel — 55
Matthias Horx

Der Begriff „Offshore" — 65
Frank Mang

Der deutsche Markt für IT-Outsourcing — 73
Christophe Châlons

Die rechtlichen Aspekte — 85
Robert Löhr

Der „Faktor Mensch" — 95
Norbert Kettner

Innovative Modelle für die öffentliche Verwaltung — 101
Holger Bill

Die Erfolgsfaktoren des Konzepts — 107
Jürgen Gerlach

II Beispiele aus der Praxis

Das Touristikgeschäft durch Co-Sourcing restrukturieren 119
Manny Fontenla-Novoa

Outsourcing des Back-Office eines Lebensversicherers 125
Olav Noack

Die Rallye-Weltmeisterschaft fordert die Neuen Medien
heraus 131
Basierend auf einem Interview mit David Richards, 2002

III Erfolgreiche internationale Outsourcing-Projekte

Fallbeispiel I: AT&T 137
Fallbeispiel II: Avaya 139
Fallbeispiel III: Rhodia 141
Fallbeispiel IV: Thames Water 147

Nachwort
Keine Angst vor Kontrollverlust 151
Michael Schulz

Die Herausgeber/Die Autoren 155

Vorwort

Die Welt, in der wir wirtschaften und leben, verändert sich mit zunehmender Dynamik und wird getrieben von der technologischen Entwicklung. Globalisierung und wachsende Komplexität prägen Branchen und Märkte weltweit. Damit steigen die Anforderungen an Flexibilität, Reaktionsgeschwindigkeit und Entwicklungsfähigkeit von Unternehmen – und die Großen sind dabei nicht unbedingt stärker als die Kleinen.

Unternehmen, die sich an die Spitze ihrer Branche stellen wollen, müssen heute in allen kritischen Bereichen marktführend arbeiten. Bei steigendem Zeit- und Kostendruck, zunehmend globaler Vernetzung und vor allem wachsender Komplexität in jeden einzelnen Geschäftsprozeß, ist das aus eigenen Kräften kaum mehr zu bewältigen. Das bedeutet mit anderen Worten „Arbeitsteilung". Immer mehr Unternehmen konzentrieren sich verstärkt auf ihre Kernleistungsbereiche und senken ihre Fertigungstiefe. Dazu treiben sie unternehmensübergreifende Kooperationen mit spezialisierten Partnerunternehmen voran. Als typisches Anwendungsgebiet für diese intensivere Art der Zusammenarbeit von Unternehmen hat sich die Organisationsform der sogenannten „Shared Services" etabliert. Dabei werden eine oder mehrere Querschnittsfunktionen (zum Beispiel im Rechnungswesen, in der Personalsachbearbeitung oder der Logistik) aus den einzelnen Unternehmensbereichen herausgelöst und zu einem separaten Serviceunternehmen zusammengefaßt. Dieses kann sich dann in seinen spezifischen Leistungsbereichen auf die Bereitstellung kostengünstigerer Services für breitere Kundenkreise auch jenseits der Unternehmens- oder Konzerngrenzen (zusätzliche Ertragsquellen und Economies of Scale) konzentrieren.

Im Zuge dieser gesamtwirtschaftlichen Entwicklung verändert sich auch das Portfolio der Beratungsfirmen als Teil einer neuen Arbeitswelt: Wir sehen zum einen hochspezialisierte Anbieter, die ihre Dienstleistungen anbieten. Zum anderen wächst der Bedarf an kompetenten Gesamtanbietern, die nicht nur die Funktionen „design" und „build", sondern auch am Betrieb oder „run" ganzer Unternehmensbereiche beteiligt sind. Immer häufiger gehen Unternehmen mit ihren Support-Funktionen oder ausgegliederten Shared-Services-Funktionen selbst an den Markt und bieten ihre Leistungen an Dritte (Multi Client Services) an. Gesteuert werden die angebotenen Leistungen – ob als ausgegliederte Einheit des Unternehmens oder von einem externen Partner angeboten – über klare Mechanismen wie die Zahlung per Transaktionskosten, vereinbarte Benchmarks und Service-Level-Agreements (SLA). Letztlich sind diese Überlegungen nichts anderes als die Weiterentwicklung der alten Frage nach „make" or „buy"

Solche Partnerschaften, Out- und Netsourcing-Modelle gelten als Konzepte der Zukunft, denn: Steigender Shareholder Value ist mehr denn je das Gebot der Zeit.

Viele Unternehmen außerhalb von Deutschland nutzen bereits heute Out-, Co- und Netsourcing als strategische Instrumente, um mit Hilfe eines externen Partners eine fundamentale und ganzheitliche Veränderung im Unternehmen herbeizuführen. Ziel dieser „neuen Generation" von Outsourcing ist es in erster Linie, die Kernprozesse zu optimieren und die Organisation in die Lage zu versetzen, sich schnell und flexibel an die sich kontinuierlich verändernden Marktbedingungen anzupassen. Diese Unternehmenskonzeptionen, die auf eine partnerschaftliche Auslagerung auch kerngeschäftsnaher betriebswirtschaftlicher Bereiche oder vollständiger Geschäftsprozesse inklusive der zugehörigen ökonomischen Verantwortung – zielen, gewinnen auch in Deutschland zunehmend an Bedeutung: Sie können Investitions- und Innovationskraft sowie die Reaktions- und Transformationsgeschwindigkeit von Unternehmen signifikant erhöhen.

Gleichzeitig bieten sie die Chance, der rasant steigende Komplexität von Technologien und Märkten mit tragfähigen Netzwerken und Leistungsverbünden aus spezialisierten Unternehmen zu beggnen, die mit sinkender Fertigungstiefe, aber eng verzahnt kollaborieren. Das autarke Unternehmen als Inbegriff einer linearen Wertschöpfungskette wird es im 21. Jahrhundert immer seltener geben. Vor diesem Hintergrund entwickelt sich im Augenblick ein ganz neuer Markt, ein Industriezweig von Servicezulieferern. In diesem Markt werden sowohl eine hohe Anzahl von Spezialisten als auch ein Oligopol von Generalanbietern, den sogenannten Business Innovation Partnern (BIP), eine wichtige Rolle spielen.

Dr. Stephan Scholtissek
Sprecher der deutschen Geschäftsführung, Accenture

I

Grundlagen

Intelligentes Sourcing – Eine theoretische Fundierung

Lars Friedrich / Tom Gellrich / Andreas Hackethal / Mark Wahrenburg

Einführung

Es ist noch nicht allzu lange her, daß eine der größten französischen Banken eine Wäscherei besaß, nur um sicherzustellen, daß die Bankdirektoren im Speisesaal ihre Mahlzeiten auch wirklich an blütenweißen Tischdecken zu sich nehmen konnten. Mehrere britische Banken unterhielten lange Zeit eigene Telefonnetzwerke, um die Kommunikation ihrer Filialen sicherzustellen, und erst im Jahre 2000 trennte sich National Westminster, heute im Besitz der Royal Bank of Scotland, schweren Herzens von ihrem Herrenhaus mit 278 Betten.[1]

Zugegeben, dies sind wohl Extrembeispiele. Allerdings verkörpern sie eine Einstellung, die viele Finanzdienstleister bis heute nicht überwinden konnten. In Verbindung mit dem typischerweise anorganischen Wachstum der Branche führte diese Geisteshaltung zu Fertigungstiefen von etwa 80 Prozent, die sich nun in Zeiten von immer schneller fortschreitenden Strukturwandel, Homogenisierung und Integration von Märkten und Technologiesprüngen als hinderlich erweisen.

Im Vergleich dazu liegt die durchschnittliche Fertigungstiefe von Industrieunternehmen im deutschsprachigen Raum bei rund 45 Prozent. Über die Hälfte der Gesamtwertschöpfung wird also von externen Lieferanten bezogen. In der Automobilindustrie ist sie noch geringer. Die Fertigungstiefe für den Kleinwagen ‚Smart' zum Beispiel liegt unter 20 Prozent.[2] Schätzungsweise wird der Eigenanteil des typischen

---

1 Mackintosh, J. (2001): „Co-operation on a grand scale: Industry Utilities: Banks are increasingly collaborating with rivals on co-sourcing projects in an effort to cut costs", in: Financial Times (London) 8/2001, S. 16ff.

2 Lamberti, H.-J. (2003): „Mit IT-Sourcing zu einer neuen Stufe der Industrialisierung im Bankbetrieb", in: Kreditwesen 6/2003, S. 49ff.

Industrieunternehmens im Jahr 2008 bei lediglich 15–25 Prozent liegen.[3]

Doch wo sollten Unternehmen die Grenze zwischen „make" und „buy" ziehen? Was ist die optimale Fertigungstiefe eines Unternehmens und welche Entscheidungskriterien müssen berücksichtigt werden?

Die Frage, ob ein Unternehmen bestimmte Bereiche seiner Produktion an externe Dienstleister vergeben soll, kann nicht pauschal beantwortet werden. Aus diesem Grund soll im folgenden ein grundsätzliches Verständnis der verschiedenen Handlungsoptionen und der zugrunde liegenden ökonomischen Konzepte entwickelt werden, um so das Planen und Umsetzen individueller und intelligenter Sourcing-Strategien zu ermöglichen.

Die optimale Fertigungstiefe

Marktüberblick

Die Entwicklung hin zu immer geringeren Wertschöpfungstiefen spiegelt sich unter anderem im Wachstum des globalen Marktes für Outsourcing-Dienstleistungen wider. So schätzt die Research-Gruppe IDC die weltweiten Ausgaben für Outsourcing im Jahr 2001 auf 712 Milliarden US-Dollar und prognostiziert für das Jahr 2006 eine Steigerung um 170 Prozent auf 1.200 Milliarden US-Dollar.[4]

Wie bereits erwähnt, existieren allerdings branchenspezifisch große Unterschiede bezüglich des Einsatzes von Outsourcing. Industrieunternehmen lagern schon seit Mitte der achtziger Jahre nicht-kritische Produktionsschritte konsequent aus und beziehen ganze Fertigungskomponenten von Zulieferern „just-in-time". Dienstleistungsanbieter dagegen, wie zum Beispiel Finanzdienstleister, stehen noch am Anfang dieser Entwicklung.

Allerdings ist absehbar, daß der Disintegration traditioneller Wertschöpfungsketten im Finanzbereich in den nächsten Jahren besondere Bedeutung zukommen wird.[5] Diese Entwicklung zeigt sich in der

---

3 F.A.Z., 12. Mai 2003, S. 22

4 Financial Times, 20. September 2001

5 Petzel, E. (2003): „Optimierung der Wertschöpfungstiefe bei Finanzdienstleistern", Präsentation im Rahmen des IF-Workshops am 11.7.2003 und Bösch, M. (1999): „Schneller, effizienter und billiger", in: Bank Magazin 3/99, S. 33

gestiegenen Anzahl der abgeschlossenen Outsourcing-Verträge: Im Jahr 1990 wurden weltweit im Bereich „Financial Services" vier größere Outsourcing-Deals bekanntgegeben, im Jahr 2000 waren es bereits 40 Deals und im Jahr 2002 lagerten 62 Unternehmen Bereiche ihrer Organisation aus.[6]

Dabei stieg seit Beginn der neunziger Jahre die durchschnittliche Deal-Größe im Finanzbereich von 480 Millionen US-Dollar im Jahr 1990 auf 538 Millionen US-Dollar im Jahr 2000. Im Jahr 2002 waren es bereits 676 Millionen US-Dollar. Besonders auffällig sind im Jahr 2002 sechs „Mega-Deals", bei denen der abgeschlossene Deal-Wert jeweils über eine Milliarde US-Dollar lag.[7] Rechnet man die zur Verfügung stehenden Daten pro rata auf die Gesamtmasse der veröffentlichen Verträge, beträgt der Gesamtwert der Outsourcing-Deals, die von Finanzdienstleistern in 2002 abgeschlossen wurden, 42 Milliarden US-Dollar.[8]

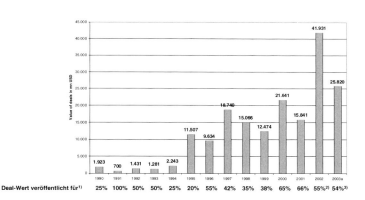

1) Werte für unveröffentlichte Deal-Daten basieren auf dem durchschnittlichen Deal-Wert 1990-2003 (USD 631mn)
2) Anstieg in 2002 durch 6 "Mega"-Deals (ABN Amro/EDS, American Express/IBM, Bank of America/EDS, CIBC/HP, Deutsche Bank/IBM, JP Morgan/IBM)
3) Erstes Quartal 2003 multipliziert mit vier

Abbildung 1: Durchschnittlicher Deal-Wert von Outsourcing-Deals im Finanzbereich in Millionen Dollar (Quelle: E-Finance Lab)

---

6 Friedrich, L. und Gellrich, T. (2003): „Capital Market Reaction to Financial Services Outsourcing", Working Paper am E-Finance Lab

7 Friedrich, L. und Gellrich, T. (2003): „Capital Market Reaction to Financial Services Outsourcing", Working Paper am E-Finance Lab. Bei den sechs „Mega-Deals" handelt es sich um ABN Amro/EDS, American Express/IBM, Bank of America/EDS, CIBC/HP, Deutsche Bank/IBM, JP Morgan/IBM). Alle vorgenannten Deals entfallen auf den Bereich IT.

8 Friedrich, L. und Gellrich, T. (2003): „Capital Market Reaction to Financial Services Outsourcing", Working Paper am E-Finance Lab

Dabei entfielen 43 Prozent der Outsourcing-Verträge auf den Bereich IT-Infrastruktur, 31 Prozent auf den Bereich Geschäftsprozeßauslagerung, 23 Prozent lagen im Bereich Software-Applikations-Entwicklung und Wartung und die verbleibenden 7 Prozent entfielen auf die Auslagerung administrativer Prozesse.

Begriffsbestimmung

Outsourcing – also das Ausgliedern von Produktions- oder Dienstleistungen an Externe – ist ein Kunstwort aus den Begriffen „outside resources using".[9] Im allgemeinen, traditionellen Sprachgebrauch wird darunter meist die Auslagerung eines gesamten Geschäftsbereiches verstanden.

Um die Handlungsoptionen zu verstehen, die sich einem auslagernden Unternehmen bieten, scheint diese Definition zu eng gefaßt und zu ungenau. Zur Umsetzung einer intelligenten Sourcing-Strategie stehen eine Vielzahl an Möglichkeiten zur Verfügung. Entscheidungen müssen entlang dreier Dimensionen getroffen werden:

1. funktionale Abgrenzung,
2. Vertragsmodell und
3. geographische Struktur.

Häufig bestimmen Unternehmen zunächst, welcher funktionale Bereich und damit welche Aktivitäten der Organisation zentraler Betrachtungsgegenstand ist. Im nächsten Schritt werden dann die Art des Sourcing und die geographische Strukturierung des Deals definiert.

Funktionale Abgrenzung

In der Literatur unterscheidet man generell vier funktionale Gruppen von Sourcing-Aktivitäten:

1. IT Infrastructure Outsourcing,
2. Application Development und Maintenance Outsourcing,
3. Administrative Process Outsourcing und
4. Business Process Outsourcing.

---

[9] Sanio, Jochen (2002): „Outsourcing aus aufsichtsrechtlicher Sicht", Rundschreiben des BAFin

IT Infrastructure Outsourcing (ITI) – Der Service-Provider stellt typischerweise Mainframe-, Server- und Netzwerkdienste bereit. Grundsätzlich ist die Schnittstellendefinition zwischen Out- und Insourcer bei dieser Art des Outsourcing relativ einfach und kontrollierbare und quantifizierbare Qualitätsmaßstäbe können vertraglich definiert werden.

Application Development and Maintenance Outsourcing (ADM) – ADM beinhaltet häufig sechs aufeinanderfolgende Schritte:

1. Design,
2. Programmierung,
3. Test,
4. Integration,
5. Wartung und Pflege sowie
6. Qualitätskontrolle.

Meist behält der Outsourcer die Kontrolle über die Design-Phase sowie über die laufende Qualitätskontrolle, um die Qualität der vom Insourcer bereitgestellten Software sicherzustellen. Verglichen mit ITI ist das Management ausgelagerter ADM-Prozesse anspruchsvoller, da hier komplexere Schnittstellen zwischen In- und Outsourcer vorliegen.

Administrative Process Outsourcing (APO) – APO umfaßt Services in den Bereichen Human Resources (HR), Finance & Controlling sowie Einkauf („Procurement"). Zum einen können Managemententscheidungen im Rahmen von APO-Prozessen einen signifikanten Einfluß auf den wirtschaftlichen Erfolg oder Mißerfolg des Outsourcers haben (z.B. Entscheidungen über das Einstellen von Mitarbeitern, Vergütungsmodelle, Risikomanagement oder Auswahl geeigneter Zulieferer). Zum anderen zeichnen sich NBP-Prozesse aber auch durch eine große Anzahl einfacher administrativer Tätigkeiten aus, die ein hohes Potential für die Realisierung von Skaleneffekten besitzen. Für den Outsourcer ist es daher vorteilhaft, die wirtschaftliche Kontrolle über APO-Prozesse zu behalten, die administrativen Aufgaben jedoch durch einen Service-Provider erledigen zu lassen. Die Koordinationsstruktur kann oft noch komplexer sein als bei ITI- oder ADM-Deals.

Business Process Outsourcing (BPO) – BPO subsumiert Outsourcing-Aktivitäten, die im Rahmen der Leistungserstellung direkt zur Entstehung des Endprodukts beitragen. So ist es heute in der Automobilproduktion üblich, vormontierte Reifen und Felgen als Kompletträder „just-in-time" durch Zulieferfirmen an die jeweilige Fertigungsstraße liefern zu lassen. Kreditinstitute fangen jedoch gerade erst an, „typische" Fertigungsprozesse wie Kreditvergabe oder Wertpapiertransaktionen auszulagern (Stichwort: Industrialisierung von Banken, gemeinsame Kreditfabriken und Transaktionsbanken). Während derartige Netzwerke zur Leistungserstellung Vorteile durch Spezialisierung und Skalenerträge versprechen, sind sie auf der anderen Seite schwierig zu steuern. Besonders geeignet erscheint die Steuerung über Marktmodelle mit gleichzeitiger Berücksichtigung von entstehenden Anreizproblematiken.

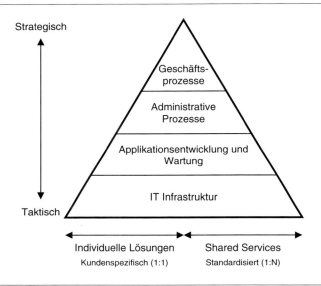

Abbildung 2: Funktionspyramide – Funktionale Gruppierung von ausgelagerten Dienstleistungen (Quelle: E-Finance Lab)

Vertragsmodell

Outsourcing ist nur ein Punkt innerhalb eines Kontinuums an möglichen Vertragsmodellen für eine partnerschaftliche Zusammenarbeit. Als Endpunkte dienen die theoretischen Extreme „vollständige Eigenerstellung" und „vollständige Auslagerung" des betrachten Services bzw. Produktes.

Innerhalb des Kontinuums kann man durch Kombination von Zusammenarbeitsmerkmalen verschiedene Strategien verwirklichen. Zu diesen Merkmalen gehören unter anderem der Umfang der Geschäftsbeziehung, die Art der Erfolgsbewertung, der Zeitrahmen und die Risikoverteilung. Dabei sind die verschiedenen Merkmale logisch miteinander verknüpft, so daß verschiedene Kombinationen theoretisch zwar möglich sind, aber in der Praxis keine Relevanz besitzen. Ein vollständiges Übertragen des Erfüllungsrisikos auf den externen Dienstleister ohne die Gewährung einer Risikoprämie und Einflußnahme auf den Leistungssteuerungsprozeß, dürfte beispielsweise recht schwierig zu verhandeln sein. Auf die sich ergebenden, praxisrelevanten Modelle gehen Hendrik Jahn sowie Holger Reimers und Sebastian Raisch in diesem Buch weiter ein.

Abbildung 3: Optionen für ein Zusammenarbeitsmodell können als ein Sourcing-Kontinuum dargestellt werden (Quelle: Accenture)

Geographische Struktur

Entsprechend dem Vertragsmodell und der funktionalen Abgrenzung des Auslagerungsvertrages, kann auch für das geographische Servicemodell keine allgemeingültige Aussage bezüglich der Vorteilhaftigkeit getroffen werden. Prinzipiell unterscheidet man vier verschiedene Möglichkeiten:

- Onsite: Leistungserbringung direkt am Standort des auslagernden Unternehmens,
- Onshore: Leistungserbringung im selben Land,
- Nearshore: Leistungserbringung im nahen Ausland,
- Offshore: Leistungserbringung im fernen Ausland.

Die komparativen Kostenvorteile von Near- und Offshore-Modellen sind insbesondere bedingt durch Lohnabitrage signifikant. Je nach Land und Fähigkeitenprofil können die Lohn- und Nebenkosten auf 25 bis 50 Prozent des ursprünglichen Niveaus gesenkt werden. Welche Rolle die geographische Struktur im Rahmen von Sourcing spielen kann, wird Frank Mang in diesem Buch noch explizit untersucht.

Die optimale Sourcing-Strategie, sprich die Kombination der drei genannten Dimensionen, hängt von den rechtlichen Regelungen, der Wettbewerbssituation und den Zielen des jeweiligen Unternehmens ab. Grundsätzlich bleibt festzuhalten, daß es keine pauschal richtige Strategie gibt. Vielmehr bieten die verschiedenen Handlungsoptionen jedem Unternehmen die Möglichkeit, seine individuellen Umstände zielgerecht zu adressieren. Um die verschiedenen Handlungsalternativen optimal zielkongruent kombinieren zu können, sollten Unternehmen verschiedene Kriterien untersuchen. Diese werden im folgenden genauer erläutert.

Entscheidungsmotivation

Eine intelligente Sourcing-Strategie, die optimal an die Bedürfnisse der jeweiligen Unternehmung angepaßt ist, kann zu einer Verbesserung der Kostenstruktur, Verringerung des operativen Risikos, Zugang zu erfolgskritischen Fähigkeiten und höherer Flexibilität und Kontrolle führen.

Unter den wichtigsten Erfolgsfaktoren von Leistungsauslagerungen finden sich unter anderen

1. erhöhte Kostenflexibilität bei Kapazitätsschwankungen,
2. Zugang zu spezialisierten Ressourcen,
3. Leistungssteigerungen im Kerngeschäft und
4. Kostenreduktion.

Untersuchungen zeigen, daß Unternehmen, die eine alternative Sourcing-Strategie einsetzen, ihre operativen Kosten im Vergleich zur vollständigen Eigenfertigung, um bis zu 40 Prozent senken können.[10] Darüber hinaus werden die Kosten durch das formale Preismodell transparenter, besser prognostizierbar und kontrollierbar. Das auslagernde Unternehmen hat trotz limitierten Investitionsaufwandes unmittelbar Zugriff auf hochqualifizierte Ressourcen, neueste Technologie und Infrastruktur. Seine eigenen Managementkapazitäten können auf wer-

---

10 Weigert, P. und Recker, B. (2002): „Weit mehr als Outsourcing – Strategisches Sourcing für Finanzdienstleister", Accenture

torientierte Aufgaben fokussiert und damit die Wettbewerbsposition im Kerngeschäft gestärkt werden.

Erfolgsfaktor	Kein und geringer Vorteil	Sehr hoher und hoher Vorteil
Erhöhte Kostenflexibilität bei Kapazitätsschwankungen	9	73
Zugang zu spezialisierten Ressourcen (IT, Personal, etc.)	10	70
Leistungssteigerung im Kerngeschäft	12	62
Erschließung von Kostenpotentialen	15	56
Verbesserte Kostenplanbarkeit	18	54
Zugang zu innovativem Technologie- und Methoden-Know-How	16	53
Stärkere Unabhängigkeit von internen Know-how- und Leistungsträgern	21	50
Dauerhafte Sicherstellung des technologischen „State of the Art"	21	43
Modernisierung der IT-Infrastruktur bzw. der PC-Umgebung	27	42
Erhöhte Reaktionsgeschwindigkeit	27	42
Zugang zu innovativem Management-Know-how	24	40
Geringeres bzw. geteiltes Risiko	25	38
Schnellere Durchsetzung von Veränderungsprozessen	19	37
Leistungssteigerung in den ausgelagerten Bereichen	26	37
Abwicklung technol. Pilotprojekte ohne großes Risiko	27	35
Erhöhte IT-Sicherheit	31	34
Erschließung von Wachstumspotentialen	32	29

Abbildung 4: Bewertung der wichtigsten Erfolgsfaktoren von Sourcing-Vorhaben in Prozent (Quelle: Accenture[11])

Die Zusammenarbeit zwischen auslagerndem Unternehmen und externem Serviceanbieter sollte grundsätzlich partnerschaftlich geprägt sein. Sourcing ist ein „wiederholtes, offenes Spiel", d.h. es ist unwahrscheinlich, daß ein im Jahr 2003 geschlossener Vertrag im Jahr 2008 noch uneingeschränkt effizient ist. Es besteht vielmehr regelmäßig Bedarf für Nachverhandlungen bzw. Korrekturen. Versucht dabei eine Partei, die andere zu übervorteilen wird die Sourcing-Strategie langfristig scheitern.

---

11 Köhler, T. / Fink, D. (2003): „Outsourcing 2007 – Von der IT-Auslagerung zur Innovationspartnerschaft, Eine Marktanalyse zu aktuellen Trends und Entwicklungen im deutschsprachigen Outsourcing-Markt", Accenture und IMCS – The Institute of Management and Consulting Science, S. 6ff.

	Kein und geringes Risiko	Sehr hohes und hohes Risiko
Hohe Abhängigkeit vom externen Dienstleister	11	72
Hohe Kosten eines Dienstleisterwechsels	18	54
Know-how-Verlust in den ausgelagerten Bereichen	18	54
Verschlechterung des Betriebsklimas durch Arbeitsplatzabbau	19	54
Komplexe Integration der Prozesse mit langen Vorlaufzeiten	9	53
Falsche Dienstleisterwahl durch intransparenten Outsourcing-Markt	25	50
Keine präzise festgeschriebenen Service Level Agreements	20	47
Nicht eingehaltene Service Level Agreements	20	45
Unterschiedliche Kulturen von Kunde und Dienstleister	22	45
Eingeschränkter Datenschutz/eingeschränkte Datensicherheit	31	40
Qualitätsverlust in den ausgewählten Bereichen	27	39
Zu wenig Outsourcing-Wissen im eigenen Unternehmen vorhanden	26	37
Mangelnde strategische Kompetenz des Dienstleisters	27	36
Hoher admin. Aufwand in Relation zu den erzielten Kosteneinsparungen	35	27
Unklare Arbeitsrechtliche Gesetzgebung	43	22
Geringe Kostenflexibilität bei Kapazitätsschwankungen	41	20

Abbildung 5: Bewertung der wichtigsten Gründe, die zum Scheitern eines Sourcing-Vorhabens führen in Prozent (Quelle: Accenture[12])

Aus diesem Grund ist es notwendig, eine Organisationsstruktur (Governance-Modell) zu implementieren, die in der Lage ist, die externen Service-Provider nahtlos in den eigenen Wertschöpfungsprozeß zu integrieren, zu kontrollieren und zu steuern. Darüber hinaus müssen die strategischen Ziele der Partner über ein entsprechendes Anreizsystem synchronisiert werden.

---

12 Köhler, T. und Fink, D. (2003): „Outsourcing 2007 – Von der IT-Auslagerung zur Innovationspartnerschaft, Eine Marktanalyse zu aktuellen Trends und Entwicklungen im deutschsprachigen Outsourcing-Markt", Accenture und IMCS – The Institute of Management and Consulting Science, S. 6ff.

Theoretische Fundierung

Die Zielsetzung von theoretischer Forschung und praktischer Nutzung unterscheidet sich häufig; nichtsdestotrotz können fundierte theoretische Modelle beiden Adressatenkreisen von hohem Nutzen sein. Modelltheorien versuchen, bestimmte Systemeigenschaften hervorzuheben und zu untersuchen. Das Verständnis dieser ökonomischen Zusammenhänge kann der Praxis helfen, Entscheidungen bezüglich der optimalen Sourcing-Strategie zu treffen. Das folgende Kapitel diskutiert grundlegende Modelle und ihre Implikationen für die Theorie und Praxis von Sourcing-Entscheidungen.[13]

Ressourcenbasierte Theorie

Die Theorie versteht Unternehmen als Ansammlung produktiver Ressourcen. Nach Penrose (1959) und Barney (1991) hängen Erfolg und Wachstum von der Verfügbarkeit und dem optimalen Einsatz von physischen, personalbezogenen und von immateriellen Ressourcen ab.[14] Hauptprämisse der Theorie ist, daß aufgrund unvollkommener Faktormärkte Ressourcen heterogen auf Unternehmen verteilt sind. Komparative Wettbewerbsvorteile können nur erlangt werden, wenn Ressourcen die vier folgenden Kriterien erfüllen und damit durch Bündelung in Kernkompetenzen überführt werden können: (1) Sie müssen Kundennutzen stiften und auf mehren Märkten einsetzbar sein, (2) sie müssen bei Wettbewerbern knapp sein, (3) sie können durch Wettbewerber nur schwierig imitiert oder zugekauft werden und (4) die Ressource kann von Wettbewerbern durch andere Ressourcen nicht oder nur unzulänglich substituiert werden. Die Ressourcen-basierte Theorie legt Unternehmen damit nahe, Ihr Portfolio kritisch daraufhin zu überprüfen, welche Elemente Ressourcen im obigen Sinne darstellen. Ressourcenbündel mit Kernkompetenzcharakter gilt es zu forcieren und weiterzuentwickeln. Aktivitäten, die nicht mit Kernkompetenzen assoziiert werden, sind demgegenüber Kandidaten für intelligente Sourcing-Entscheidungen. Eine solche externe Beschaffungsmaßnahme wird in der modernen Managementliteratur häufig unter dem Stichwort „Füllung der strategischen Lücke" genannt.

---

13 Eine gute Einführung in die Thematik bietet Cheong et. al. (1995): „Theoretical perspectives on the outsourcing of information systems", Journal of Information Technology, Vol. 10, S. 209ff.

14 Penrose, E. T. (1959): „Theory of the Growth of the Firm", Blackwell, Oxford; sowie Barney, J. (1991): „Firm resources and sustained competitive advantage", Journal of Management, 17, S. 99–120.

Transaktionskostentheorie

Die Transaktionskostentheorie wurde bereits 1937 von Coase[15] vorgestellt und von Williamson[16] weiterentwickelt: Langfristig erfolgreiche Unternehmen wägen bei „make-or-buy"-Entscheidungen Produktions- und Transaktionskosten ideal ab. Der Fokus dieser Theorie liegt demnach auf der effizienten Konfiguration des Austauschs von Gütern und Diensten innerhalb und außerhalb der Unternehmenseinheit unter Berücksichtigung beider Kostentypen. Externes Sourcing auf Basis effizienter Marktmechanismen führt annahmegemäß zu geringeren Produktionskosten, gleichzeitig jedoch auch zu höheren Transaktionskosten durch Verhandlungen, Überwachung und Kontrolle der notwendigerweise unvollständigen Verträge. Transaktionskosten sind dabei umso höher, je ausgeprägter die folgenden drei Faktoren sind:

1. der Wertverlust von transaktions-spezifischen Produktionsfaktoren des Leistungserbringers bei (angedrohter) Aufkündigung des Vertragsverhältnisses durch den Leistungsempfänger:

2. das Risiko, mit dem unbeeinflußbare Umfeldfaktoren die Vorteilhaftigkeit der Transaktion schmälern:

3. die Häufigkeit, mit der die beiden Vertragspartner miteinander in Verhandlungen treten (müssen).

Die Transaktionskostentheorie bietet einen hervorragenden Rahmen, um Sourcing-Optionen in bezüglich ihres Nettoeffekts auf Produktions- und Transaktionskosten zu untersuchen und so zumindest die Menge der in Frage kommenden vertraglichen Ausgestaltungen einzugrenzen.

Die Prinzipal-Agenten-Theorie

Die Prinzipal-Agenten-Theorie untersucht vor allem die Auswirkungen von Informationsasymmetrien auf die Vertragsbeziehungen zwischen Auftraggebern (Prinzipal) und Auftragnehmern (Agent). Bei der Beauftragung des Agenten, bestimmte, nicht vollständig vertraglich spezifizierbare Leistungen zu erbringen, tritt der Prinzipal notwendigerweise einen Teil seiner ursprünglichen Entscheidungsgewalt an den Agenten ab. Es wird angenommen, daß Prinzipal und Agent diver-

---

15 Coase, R. H. (1937): „The nature of the firm", in: Econometrica, Vol. 4, S. 386ff.

16 Williamson, O. E. (1981): „The economics of organization: the transaction cost approach", in: American Journal of Sociology, Vol. 87, S. 548ff.

gierende Zielvorstellungen haben, so daß die Gefahr besteht, daß der Agent nicht oder nur zum Teil im Interesse des Prinzipals handelt, in dem er z.B. ein suboptimales Anstrengungsniveau realisiert. Der Fokus der Theorie liegt auf der Bestimmung von optimalen Vertragsmodellen, welche die Agency-Kosten minimieren. Diese Kosten setzen sich aus den Überwachungskosten des Prinzipals, den Bindungskosten des Agenten und den Residual-Verlusten des Prinzipals zusammen.[17] Sie hängen damit vom Grad der Meßbarkeit der Agenten-Leistungen bzw. von der Beobachtbarkeit von relevanten Agenten-Merkmalen und von der Risikoeinstellung beider Parteien ab. Die Principal-Agenten-Theorie erlaubt die Bewertung unterschiedlicher Organisationsformen von Sourcing-Netzwerken bzw. der vertraglichen Ausgestaltung zwischen Outsourcer (Prinzipal) und Service-Provider (Agent). Es gilt, jene Faktoren, die zur Erhöhung der Agency-Kosten beitragen, genau analysieren und darauf basierend fundierte Sourcing-Entscheidungen abzuleiten.

Allgemeine Implikationen für die Praxis

Die Ressourcen-basierte Theorie impliziert, daß sich Unternehmen in einem Umfeld wachsenden Wettbewerbsdrucks vermehrt auf ihre Kernkompetenzen und damit auf Ihre Kerngeschäftsbereiche konzentrieren. Aktivitäten, die bei gegebener Ressourcenausstattung nicht das Potential zur Erlangung von Wettbewerbsvorteilen bergen, kommen grundsätzlich für ein Outsourcing in Frage. Die Transaktionskostentheorie legt daran anknüpfend nahe, daß Aktivitäten, zu deren Durchführung Produktionsfaktoren und -technologien eingesetzt werden, die nur bedingt unternehmensspezifisch sind, vorrangige Kandidaten darstellen. Steht außerdem zu erwarten, daß Vertragsinhalte nicht durch Marktumfeld-Veränderungen – z.B. durch Technologiesprünge – immer wieder angepaßt werden müssen, kann ein Service-Provider durch Vertragsbeziehungen mit weiteren Outsourcern Skaleneffekte erzielen und die Produktionseffizienz stetig steigern. Der Insourcer läuft dann nur bedingt Gefahr, nachträglich durch Nachverhandlungen schlechter gestellt zu werden, was sich im Umkehrschluß ex ante in vorteilhaften Konditionen für den Outsourcer niederschlagen sollte. Hochspezifische Aktivitäten verbleiben weiterhin im jeweiligen Unternehmen, auch wenn sie nicht auf Kernkompetenzen gründen. Eine weitere Implikation der Transaktionskostentheorie ist daher,

---

17 Überwachungskosten entstehen für den Prinzipal durch die Kontrolle des Agenten (zur Sicherstellung der vereinbarten Leistung). Bindungskosten entstehen für den Agenten dadurch, daß er sich für „einen" Prinzipal entschieden hat und für diesen spezifische Leistungen erbringen muß. Der Residual-Verlust entsteht für den Prinzipal dadurch, daß er einen Agenten einsetzt, der eine andere Nutzenfunktion bzw. andere Zielvorstellung besitzt.

daß die zu beobachtende zunehmende Standardisierung von Prozessen und Produktionsfaktoren die Transaktionskosten senkt und Sourcing-Strategien attraktiver macht. Praktische Anwendung findet diese Theorie innerhalb des Bereichs IT-Outsourcing: Server- oder Netzwerkdienste (IT Infrastruktur Outsourcing, ITI) werden aufgrund ihrer geringen Spezifität häufig ausgelagert; die Entwicklung von Individualsoftware wird jedoch meist noch in-house abgedeckt. Die Prinzipal-Agenten-Theorie propagiert, daß Unternehmen um so eher Sourcing-Arrangements eingehen, desto einfacher die Formulierung und Durchsetzung umfassender Kontrakte zwischen Auftraggeber und -nehmer ist. Faktoren wie Umfang und Qualität der vom Service-Provider zu erbringenden Leistung sollten demnach leicht definierbar und meßbar sein. Empirisch wird diese Theorie von der Tatsache unterstützt, daß komplexe, schwer durchsetzbare Kontrakte wie sie z.B. im Kontext des Outsourcing von Geschäfts- oder Adminstrationsprozessen zu erwarten sind, weitaus seltener beobachtet werden können als Kontrakte im Kontext von IT-Outsourcing.[18]

Fazit und Ausblick

Die Marktdynamik und die damit einhergehenden exogenen Effekte, die auf ein Unternehmen wirken, sind heute größer als jemals zuvor. Damit wachsen zwangsläufig auch die Anforderungen an die Marktteilnehmer, sich kontinuierlich und flexibel den veränderten Bedingungen anzupassen. Intelligente Sourcing-Strategien sind ein Weg, diese Anforderungen zu erfüllen und eine Optimierung des Ressourceneinsatzes über die Eigenfertigung hinaus zu ermöglichen. Die Potentiale sind groß und können zu langfristigen Wettbewerbsvorteilen ausgebaut werden.

Allerdings führt die bereichsspezifisch optimale Umsetzung von Sourcing-Strategien häufig zu einem komplexen Netzwerk an Zuliefererbeziehungen, das kontrolliert und gesteuert werden muß. Hierzu sind nicht nur ein partnerschaftliches Zusammenarbeitsmodell und eine formal vereinbarte Zielkonvergenz notwendig (Stichwort: Risikoteilung), sondern auch entsprechende Prozesse, um die Ziele im Zeitverlauf den immer neu entstehenden Bedingungen anzupassen.

---

18 Eine Studie über Gründe für den Erfolg bzw. das Scheitern von Outsourcing-Vorhaben ist gerade am E-Finance Lab in Arbeit und wird voraussichtlich Anfang 2004 erscheinen. Es soll unter anderem untersucht werden, ob empirisch nachgewiesen werden kann, daß Outsourcing „einfacher" IT-Aktivitäten erfolgreicher ist als Outsourcing komplexer Business-Prozesse.

Unabhängig von der jeweiligen Auslagerungsstrategie ist die effiziente strategische und operative Steuerung die wichtigste Voraussetzung eines erfolgreichen Outsourcing-Projekts. Ohne Kosten- und Leistungstransparenz, eindeutig definierte Verantwortlichkeiten und Disziplin wird sich der erhoffte Erfolg kaum einstellen. Outsourcing zwingt zur expliziten Definition der Leistungsumfangs (Service-Levels) sowie des entsprechenden Preis- und Risikomodells. Darüber hinaus kann sich das Management des auslagernden Unternehmens auf wichtige Schnittstellen (z.B. Lieferanten- und Nachfragemanagement) und strategische Steuerungsfunktionen konzentrieren. Nicht vorhandene erfolgskritische Ressourcen können von einem externen Dienstleistungsanbieter oder einer Unternehmensberatung temporär gestellt werden.

Aus den zur Verfügung stehenden beschriebenen Handlungsoptionen und Konzepten muß jedes Unternehmen seine individuelle Strategie zusammenstellen, die seiner spezifischen Wettbewerbssituation und Ressourcenausstattung gerecht wird. Sourcing-Strategien der Zukunft werden noch weit komplexere Netzwerkstrukturen hervorbringen als es zur Zeit schon der Fall ist und die Grenzen zwischen Out- und Insourcer werden in diesem Wertschöpfungsnetzwerk mehr und mehr verschwimmen.

Zukünftig werden sich die Planer intelligenter Sourcing-Strategien verstärkt den Kernprozessen von Unternehmen widmen. Besonders interessant ist dabei der Aspekt, selbst als Service-Provider für ausgewählte Wertschöpfungsschritte aufzutreten. Eine Strategie, die die Wettbewerbssituation eines Unternehmens und eines Marktes vollständig verändern kann.

Intelligentes Sourcing – Eine Fundierung aus Sicht der Praxis

Hendrik C. Jahn

Die Entflechtung der Wertschöpfungskette

Die Welt ist kleiner geworden – und komplexer zugleich: Die Globalisierung ist Fakt, der Mythos New Economy erledigt, das Internet Alltag, die internationale Verflechtung im produzierenden Gewerbe Routine und Deregulierung eine Realität in fast allen Branchen. Die Nischen werden kleiner. Diese neuen Komplexitäten und Befindlichkeiten zwingen alle Industrien und Branchen zum Umdenken.

Im Zentrum dieser Umbrüche steht die Wertschöpfungskette. Denn als eine Folge der Veränderungen tun sich Unternehmen zunehmend schwer, ihre teilweise viel zu hohe Wertschöpfungstiefe wettbewerbsfähig zu halten. Die Folge: In allen Branchen stehen ganze Teile der Wertschöpfungskette vor radikalen Neubewertungen, die zu der Frage führen, ob die Kette nicht entflochten und Teile ausgelagert werden müssen. Drei Faktoren treiben diese Entwicklung.

1. Gestiegene Ansprüche auf Kundenseite

Auf der Nachfrageseite sind die Ansprüche deutlich gestiegen. So ist es im Endkundensegment in der Finanzdienstleistungsbranche heute so, daß sich Privatkunden wesentlich stärker mit Finanzprodukten auseinandersetzen als noch vor einigen Jahren. Entsprechend sind sie in ihren Ansprüchen auch wesentlich kritischer geworden. Die aktuelle Entwicklung verstärkt dies. So haben die anhaltende wirtschaftliche Flaute, latent drohende Arbeitslosigkeit und das wachsende Bewußtsein, die eigene Vorsorge selbst in die Hand nehmen zu müssen, das Thema private Vorsorge und Finanzen zu einem Endverbraucherthema gemacht. Hinzu gesellt sich gerade in Deutschland ein bislang unbekannter Preiskampf unter den Anbietern. Über den Preis können jedoch nur Unternehmen konkurrieren, die ihre Wertschöpfungskette und damit die Unternehmensstrategie vorbehaltlos durchleuchtet und optimiert haben.

2. Gestiegene Komplexität der Leistungserbringung

Angesichts der gestiegenen Kundenanforderungen wird auch die Leistungserbringung immer komplexer und anspruchsvoller. Vollintegrierte Unternehmen verfügen heute über ein breit gefächertes Portfolio von heterogenen Prozessen mit völlig unterschiedlichen Anforderungen an einen effizienten und effektiven Betrieb. In der Folge sind die notwendigen Fähigkeiten, um alle diese Prozesse wettbewerbsfähig zu betreiben, sehr unterschiedlich geworden. Kaum ein Unternehmen kann guten Gewissens davon ausgehen, über alle diese Fähigkeiten in gleichem Maße zu verfügen.

3. Investitionsbedarf steigt stetig

Ein anderer Grund für die zunehmenden Sourcing-Aktivitäten ist der wachsende Investitionsbedarf für die Optimierung der Wertschöpfungskette. Insbesondere kleinen und mittleren Unternehmen fällt jedoch die Finanzierung solcher Unterfangen immer schwerer, da der Investitionsbedarf die Möglichkeiten bei weitem übersteigt. In vielen Branchen sind gar die Marktführer selbst extrem unter Druck geraten. Auch diese verfügen häufig nur bedingt über die finanziellen Ressourcen, die eigentlich notwendig wären, um in allen Bereichen der Wertschöpfungskette gleichsam wettbewerbsfähig zu sein.

Das führt dazu, daß sich immer weniger Unternehmen leisten können, die gesamte Wertschöpfungskette abzudecken. Der Druck auf Unternehmen nimmt zu und damit der Zwang zu höherer Geschwindigkeit. Unternehmen müssen künftig noch schneller und treffgenauer herausfinden, welche Prozesse sie in Zukunft selbst noch wettbewerbsfähig abdecken müssen und können.

Während die Sourcing-Entwicklung in den angelsächsischen Ländern bereits eine ausgeprägte Entwicklung hinter sich hat, stehen Deutschland, Österreich und die Schweiz erst am Anfang. Aber nicht nur zwischen Ländern, sondern auch zwischen den Branchen gibt es große Unterschiede. Im produzierenden Gewerbe ist Sourcing schon seit langer Zeit eine gängige Praxis. So werden in der Automobilindustrie ganze Baugruppen an Zulieferer ausgelagert. Der Hersteller selbst übernimmt lediglich die Endmontage. Das Interessante an dieser Entwicklung ist, daß das Markenbild der Unternehmen durch die Fremdvergabe wesentlicher Teile des Endprodukts nicht verwässert wurde.

Im Finanzdienstleistungssektor setzt diese Entwicklung gerade erst ein. Gerade in der deutschen Finanzdienstleistungsbranche ist noch viel Überzeugungsarbeit zu leisten, wenn es darum geht, die teilweise viel zu hohe Wertschöpfungstiefe zu reduzieren. Auftakt dieser Entwicklung war das Feld der Informationstechnologie, nun weitet sich das Thema immer mehr auf die klassischen Geschäftsprozesse aus. Business Process Outsourcing wird zu einem wichtigen Thema.

Strategie – nicht Kosten

Befragt man die Vorstände von Unternehmen weltweit, was sie sich von Sourcing und insbesondere Outsourcing erhoffen, so ist die überwiegende Antwort: Kostenreduktion. Obwohl diese Antwort nachvollziehbar ist – auch Sourcing muß „sich rechnen" – greift sie doch zu kurz. Betrachtet man noch einmal die Treiber der Sourcing-Entwicklung, so stellt man fest, daß die Kostenposition nicht dazu gehört. Das Kostenniveau ist häufig ein Symptom für die beschriebene Situation, nicht jedoch ihre Ursache. Die Ursachen liegen in den Schwierigkeiten vieler Unternehmen, die Wertschöpfungstiefe und das Wertschöpfungsmodell wettbewerbsfähig aufrechtzuerhalten. Entsprechend stehen diese Unternehmen vor der Herausforderung, ihr Wertschöpfungsmodell zu optimieren. Die Kernfrage dabei ist: Wie muß das Wertschöpfungsmodell aussehen, damit ich am Markt erfolgreicher als meine Konkurrenten agieren kann? Dies ist eine primär strategische Frage, die sich deutlich von der Frage „Wie senke ich meine Kosten um 10 Prozent?" unterscheidet.

Sourcing, in diesem Sinne als Entdeckung der Kernfähigkeiten verstanden, dreht sich somit nicht „bloß" um die Einrichtung eines Call Centers in Potsdam oder die Abwicklung der Finanzbuchhaltung in Bangalore. Vielmehr geht es um die Analyse des derzeitigen Zusammenspiels der Elemente entlang der gesamten Wertschöpfungskette und die vorurteilsfreie Entscheidung, welches dieser Elemente wie abgedeckt wird. In dieser Diskussion bestimmen vier Faktoren, wie die Wertschöpfungskette am Ende aussieht.

1. Worin differenziert sich ein Unternehmen von seinen Wettberbern? Hier geht es somit um eine genaue Beschreibung der strategischen Positionierung des Unternehmens – im Ist- wie im Soll-Zustand.

2. Welche Fähigkeiten benötigt das Unternehmen, um diese Differenzierung zu erreichen? Hier muß vor allem gründlich abgeleitet werden, was das Unternehmen wirklich können muß, um die strategische Positionierung einzunehmen und zu verteidigen.

3. Welche Fähigkeiten stehen dem Unternehmen im Moment tatsächlich zur Verfügung? Hier ist vor allem Nüchternheit und Ehrlichkeit gefragt.

4. Wie kann das Unternehmen die fehlenden Fähigkeiten aufbauen und erlangen?

Dabei gilt es, zwischen Fähigkeiten und Kernkompetenzen zu unterscheiden. Kernkompetenzen beschreiben, welche Prozesse ein Unternehmen auf jeden Fall selbst betreiben sollte. Die Fähigkeiten hingegen definieren, was ein Unternehmen (nachweislich und am besten meßbar) besser kann als seine Wettbewerber. Es geht also nicht darum, was ein Unternehmen auf jeden Fall selbst erstellt, sondern, was es besser als der Wettbewerber kann.

Um diese Fragen zu beantworten, muß ein Analyseprozeß aufgesetzt und dann detailliert und in aller Konsequenz durchlaufen werden. Dabei ist es von entscheidender Bedeutung, soviel wie möglich zu quantifizieren. Häufig sind die Diskussionen um diese Fragen von starken Überzeugungen geprägt, die eine nüchterne Analyse und damit eine saubere Positionsbestimmung erschweren.

Dies ist insbesondere dann wichtig, wenn es um die Beurteilung der eigenen Fähigkeiten geht. Grundlage hierfür ist zunächst eine klare Definition der Fähigkeit und des dazugehörigen Meßkriteriums. Dies ist z.B. bei einer strategischen Positionierung als Preisführer und der benötigten Fähigkeit „effizienter Vertrieb" noch einfach, bei einer Positionierung als Serviceanbieter wird dies jedoch sehr viel schwerer fallen. Dennoch sind auch hier Faktoren wie Kundenzufriedenheit, Schnelligkeit in der Bearbeitung von Beschwerden u.ä. quantifizierbar und meßbar.

Die Fähigkeit, diesen Prozeß nüchtern und mit der gebotenen Distanz immer wieder zu durchlaufen und zu gemeinsam getragenen Ergebnissen zu kommen, wird somit selbst zu einer Kernfähigkeit – im Wettbewerbsumfeld der nächsten Jahre vielfach vielleicht sogar zu einer der zentralen Fähigkeiten.

Dabei wird es in manchen Situationen sinnvoll sein, externe Unterstützung einzubeziehen. Der Wert dieser Unterstützung liegt nicht nur in der Strukturierung des Prozesses und dem Bereitstellen externer Informationen zur besseren Einschätzung der eigenen Position. Der Wert liegt häufig vor allem auch in der Versachlichung einer sehr weit reichenden Diskussion und Entscheidungsfindung. In den meisten Fällen führt dieser Prozeß zu zwei zentralen Erkenntnissen:

1. Viele Unternehmen haben ihre strategische Soll-Position nicht ausreichend klar bestimmt, um aus ihr die benötigten Fähigkeiten abzuleiten. Vielfach löst schon die Frage „Warum kaufen unsere Kunden unsere Produkte" eine heftige kontroverse Debatte im Haus aus. Hier zeigt sich erneut, daß Sourcing zunächst vor allem eine strategische Frage ist.

2. Es herrscht teilweise eine recht deutliche Diskrepanz zwischen den vorhandenen und den benötigten Fähigkeiten. Dies zeigt sich z.B. darin, daß Unternehmen, die sich über ihren Service und ihren Vertrieb differenzieren, sehr viel Geld in die technische Infrastruktur investiert haben, die kaum genutzt wird, wohingegen viele Kundeninformationen im Unternehmen nicht gezielt aufgenommen und ausgewertet werden.

Vor diesem Hintergrund lautet die Kernfrage also: Wie können die fehlenden Fähigkeiten beschafft werden?

Sourcing ist nicht gleich Outsourcing

Weiß ein Unternehmen einmal, welche Lücke es zu schließen gilt, hat es drei grundsätzliche Optionen zur Beschaffung der gesuchten Fähigkeiten.

1. Es kann die Fähigkeiten selbst im Unternehmen aufbauen und die Wertschöpfungsstufe weiterhin selbst betreiben,

2. es kann die Fähigkeiten mit einem Dienstleister über einen definierten Zeitraum gemeinsam aufbauen und danach die Wertschöpfungsstufe wieder selbst betreiben,

3. oder über Outsourcing die Fähigkeiten durch Fremdvergabe an Spezialisten erlangen.

Die Frage ist nun, welche dieser grundsätzliche Sourcing-Variante für welche Situation geeignet ist. Aufgrund der hohen Komplexität des

Themas und des jeweils maßgeschneiderten Lösungsansatzes, gibt es keine Standardlösung. Eine vergleichsweise einfache Analyse kann allerdings die ersten Anzeichen dafür liefern, welche Sourcing-Variante angewendet werden sollte. Im Rahmen dieser Analyse sind vier Faktoren zu berücksichtigen:

1. Wie wichtig ist diese Fähigkeit für die Strategie des Unternehmens, und wie sehr muß sie vor Wettbewerbern geschützt werden?
2. Auf welcher existierenden Basis kann das Unternehmen aufsetzen, d.h. wie groß ist die Fähigkeitenlücke?
3. Welcher Aufwand ist nötig, um die Fähigkeiten aufzubauen?
4. Welche Beschränkungen gibt es hinsichtlich Zeit, Kapital und Managementressourcen?

Entlang dieser Faktoren lassen sich im Anschluss idealtypische Situationen für die einzelnen Sourcing-Varianten beschreiben.

Eigenaufbau

Ist die auf- bzw. auszubauende Fähigkeit von entscheidender Bedeutung für die strategische Positionierung des Unternehmens, macht der Eigenaufbau Sinn. Dies ist z.B. die Produktentwicklung bei einem Unternehmen, das sich über innovative Produkte differenziert. Hinzu kommt, daß die Fähigkeitenlücke, der notwendige Aufwand und die bestehenden Restriktionen gering sind.

Aufbau mit externer Hilfe

Liegt eine vergleichbare Situation vor, die Fähigkeitenlücke, der notwendige Aufwand und die Restriktionen sind jedoch recht hoch, dann kann die Unterstützung durch Externe eine sinnvolle Variante sein. Hierbei handelt es sich um eine Sourcing-Variante, bei der das Unternehmen Schlüsselpositionen in der Linie und im Stab der Organisationseinheit, in der die Fähigkeiten aufgebaut werden sollen, zeitlich begrenzt mit Externen doppelt besetzt. Der Externe fungiert dabei als Coach der internen Führungskraft und unterstützt sie beim Aufbau der Fähigkeiten. Die Meßkriterien sind dabei für beide gleich und erlauben so eine Übereinstimmung der Interessenlage. Folgerichtig ist auch die Vergütung des Dienstleisters an die Erfüllung der Meßkriterien gekoppelt. Dieser Prozeß erstreckt sich in der Regel über drei bis fünf Jahre, mit abnehmender Kapazität des Dienstleisters und zunehmender Übergabe der vollen Verantwortung an die Organisation.

Outsourcing

Wenn es sich jedoch um eine Fähigkeit handelt, die nicht diese unmittelbare Bedeutung für die strategische Position hat, dann ist Outsourcing in vielen Fällen eine prüfenswerte Option. In diesem Fall geht dann der Geschäftsprozeß vollständig auf den Dienstleister über, der ihn dann mit eigenen oder mit den vom Unternehmen übernommenen Mitarbeitern erbringt.

Schlüssel zum Erfolg: Wahl des richtigen Partners

Als durch und durch strategisches Thema ist es von elementarer Bedeutung für den Erfolg, Sourcing mit dem richtigen Partner anzugehen – insbesondere, da es sich bei der Auswahl und Entscheidung für einen Partner um eine Entscheidung mit langfristigen Auswirkungen handelt. Derzeit ist der Auswahlprozeß häufig unstrukturiert. Meist funktioniert das Verfahren über Ausschreiben. Doch diese sind aus verschiedenen Gründen nicht immer das richtige Mittel.

1. Ausschreibungen basieren meist auf dem Prinzip der Vergleichbarkeit. Doch gerade im Falle von Sourcing sind viele Faktoren nur schwer vergleichbar oder standardisiert gegeneinander abwägbar.

2. Viele Ausschreibungen fokussieren zu sehr auf den Preis. Doch der Preis ist nicht der alleinige entscheidende Faktor.

3. Viele Unternehmen versuchen bei einer Ausschreibung die Unternehmen auf Distanz zu halten, um einen für alle gleichen und gerechten Prozeß zu gewährleisten und sich vor dem Vorwurf der Parteilichkeit zu schützen. Dies ist aber bei der Auswahl eines langfristigen strategischen Partners ungeeignet.

4. Ausschreibungen sind häufig aufwendig, zeitintensiv und öffentlich. Ist jedoch Outsourcing eine ernste Option, muß schon aufgrund der Unruhe bei den betroffenen Mitarbeitern schnell und diskret gehandelt werden.

Zu all diesen Problemen gesellt sich noch, daß der Markt oftmals nicht ausgereift genug ist, um einen umfänglichen Auswahlprozeß zu ermöglichen – eine typische Erscheinung eines Marktes in der Entstehungsphase. Dennoch kann sich ein Unternehmen häufig nicht darauf verlassen, daß das erste Angebot auch das beste und richtige ist.

Erfahrungen zeigen, daß es oftmals besser wäre, weniger Partner, diese dafür aber eingehender zu prüfen. Um den Vorgang zu einem positiven Ergebnis zu bringen, geht es vor allem darum, genau zu beschreiben, was das Unternehmen in punkto Strategie, Fähigkeiten, Sicherheit, Stabilität und Garantien von seinem Lieferanten erwartet. Doch dafür ist persönliche Interaktion mit dem möglichen Sourcing-Partner notwendig, die gerade bei Ausschreibungen aus Gründen scheinbarer Objektivität verweigert wird.

Schließlich geht es darum, Fähigkeiten zu sourcen, also die Anbieter hinsichtlich ihrer Fähigkeiten zu analysieren. Der Anbieter muß die Analyse, die das Unternehmen selbst durchlief, ebenfalls durchlaufen. Das vergebende Unternehmen muß sozusagen „ins Innerste" des Anbieters schauen: Dabei geht es im wesentlichen um vier Bereiche.

1. Welche Fähigkeiten hat der Dienstleister und wie kann er diese nachweisen? Gerade bei diesen Fragen wäre es für viele vergebende Unternehmen besser, sie würden weniger Vorgaben machen, als vielmehr prüfen, ob der Dienstleister einen eigenen originären Ansatz hat, der zum Ziel führt und vor allem dessen eigene Fähigkeiten zum Ausdruck bringt.

2. Die Entscheidung zur Langfristigkeit bringt eine Reihe von Fragen über die Charakteristika des Unternehmens zum Ausdruck: Welche Interessen hat der Dienstleister? Was ist seine Strategie? Wie geht er in bestehenden Partnerschaften vor? Wie geht er mit Schwierigkeiten um? Welche Governance ist für das Sourcing vorgesehen? Kann zu den handelnden Personen des Dienstleisters eine vertrauensvolle Beziehung aufgebaut werden?

3. Verbunden mit der Entscheidung zur Langfristigkeit ist auch die Notwendigkeit zu prüfen, ob der potentielle Partner auch wirtschaftlich in der Lage ist, eine langfristige Zusammenarbeit zu garantieren.

4. Falls Teile der eigenen Mitarbeiter ausgelagert werden sollen, muß der Anbieter auch auf diese Kriterien hin geprüft werden: Welche

Personal- und Entwicklungspolitik verfolgt das Unternehmen? Ist diese kompatibel? Wie geht er mit Mitarbeitern um?

Hierbei geht es nicht primär darum, direkte Vergleichbarkeit mit Referenzprojekten herzustellen. Schließlich sind Sourcing-Entscheidungen häufig zu individuell. Vielmehr geht es darum, die einzelnen wichtigen Elemente getrennt voneinander zu evaluieren.

Unternehmen, die sich jetzt ernsthaft des Themas annehmen und denen es gelingt, den richtigen Partner zu wählen, werden als First Mover die größten Wettbewerbsvorteile ernten. Allerdings nur, wenn die Sourcing-Strategie zu den Fähigkeiten paßt und der richtige Partner gefunden wird.

Bis all dies gängige Praxis ist, haben deutsche Unternehmen aber noch einige Hürden zu überwinden. Neben den strategischen und operativen Faktoren kommt dem Faktor Mensch eine entscheidende Bedeutung zu. Gerade im Unternehmen müssen die Prozesse für die betroffenen Mitarbeiter greifbar, nachvollziehbar und verständlich sein. Es zeigt sich, daß Sourcing auch das Thema interne Kommunikation beinhaltet. Mitarbeiter müssen verstehen, was die Zielsetzung ist, was es für das Unternehmen bedeutet und wie der Auswahlprozeß und die spätere Abwicklung ablaufen.

Bezeichnend für die derzeitige Situation ist die Tatsache, daß es immer weniger heilige Kühe gibt, die nicht kritisch in Augenschein genommen werden. In jedem Unternehmen und in jeder Branche wird die Wertschöpfungskette auseinandergenommen und wieder neu zusammengesetzt. Die Wirtschaftswelt ist damit auf dem Weg zu einer Art entkoppeltem Wirtschaftssystem.

Strategisches Sourcing – Eine zentrale Managementaufgabe der Zukunft

Holger Reimers / Sebastian Raisch

Nach Jahren des Marktwachstums wenden sich die Unternehmensführer nun wieder verstärkt der Kostenstruktur der operativen Bereiche zu. Hoher Wettbewerbs- und Kostendruck zwingt sie, die Wertschöpfungsketten zu überprüfen und zu optimieren. Trotz rückläufiger Budgets müssen die operativen Fähigkeiten weiter verbessert werden.

Wie lösen Unternehmen den Widerspruch zwischen steigenden Anforderungen und sinkenden Budgets? In den frühen neunziger Jahren griffen Unternehmen zu Reorganisation und Prozeßverbesserung. Das erforderliche Know-how wurde meist teuer von externen Beratern eingekauft. Da Berater in der Regel jedoch keine operative Verantwortung übernahmen, griffen viele Verbesserungen nur kurzfristig. Vor dem Hintergrund dieser Erfahrungen erlebt derzeit ein alternativer Ansatz seinen Aufstieg in Deutschland: die Auslagerung geschäftlicher Aktivitäten an externe Dienstleister. Outsourcing hat im Jahr 2002 in Deutschland bereits ein Marktvolumen von 13 Milliarden Euro erreicht, ein weiteres Anwachsen auf 21 Milliarden Euro wird bis zum Jahr 2006 erwartet.[1]

Insgesamt läßt sich feststellen, daß Consulting oder Outsourcing als intelligente Lösungen für individuelle Teilbereiche im Unternehmen zwar geschätzt werden, jedoch nicht als Universallösungen gelten. Es stellt sich damit für jede einzelne Funktion, von der Informationstechnologie bis hin zu verschiedenen Geschäftsprozessen, immer wieder neu die Frage nach der optimalen Sourcing-Entscheidung. Diese Sourcing-Entscheidungen können dramatische Auswirkungen auf die Kostenstruktur, Servicequalität und letztendlich den Erfolg des Unternehmens haben.[2] Einer aktuellen Studie zufolge, ist Sourcing eine stra-

---

[1] PAC Pierre Audoin Consultants (2003): „Outsourcing Germany – Analysis of the Situation on the German Outsourcing Market", Februar 2003

tegische Aufgabe mit direkter Wirkung auf den Unternehmenserfolg.[3] Eine Umfrage unter Top-Managern ergab, daß Sourcing-Entscheidungen als eine der sechs zentralen Managementaufgaben der Zukunft gesehen werden. Unternehmen, die jetzt keine Sourcing-Kompetenz aufbauen, werden den Anschluß gegenüber dem Wettbewerb verlieren.

Strategisches Sourcing erfordert einen genauen Überblick darüber, welche alternativen Sourcing-Modelle dem Unternehmen zur Verfügung stehen und welche Vor- und Nachteile diese mit sich bringen. Darüber hinaus benötigen Unternehmen einen klaren Analyseansatz, um in individuellen Entscheidungssituationen die jeweils beste Sourcing-Alternative zu identifizieren. Beide Voraussetzungen sind bisher in den wenigsten Unternehmen vorhanden. Ziel dieses Beitrages ist es deshalb, Managern einen Leitfaden für strategische Sourcing-Entscheidungen an die Hand zu geben. Im Folgenden werden daher zunächst die verschiedene Sourcing-Alternativen dargestellt. In diesem Zusammenhang sollen dann auch die wichtigsten Termini vorgestellt, eingeordnet und die jeweiligen Vor- und Nachteile herausgearbeitet werden. Im nächsten Schritt wird der Frage nachgegangen, welche Sourcing-Entscheidung für Unternehmen die individuell richtige ist. Eine integrierte Analysematrix wird entwickelt, die alle relevanten Einflußfaktoren berücksichtigt und so Schritt für Schritt zur richtigen Sourcing-Entscheidung führt.

Alternative Sourcing-Modelle

Anbieter von Serviceleistungen wetteifern um die Gunst der Kunden mit immer neuen Modellen externer Unterstützung. Den Unternehmen bietet sich ein zunehmend unüberschaubares Bild über die verschiedenen Konzepte mit zum Teil widersprüchlichen Vorzügen.

---

2 Quinn, J.B. / Hilmer, F.G. (1994): „Strategic Outsourcing", in: Sloan Management Review, S. 43–55; Lacity, M.C. / Willcocks, L.P. / Feeny, D.F. (1996): „The Value of Selective IT Sourcing", in: Sloan Management Review, S. 13–25; Willcocks, L.P. / Lacity, M.C. (1998): „Strategic Sourcing of Information Systems: Perspectives and Practices", Wiley Series in Information Systems, Chichester

3 Gartner Research (2002): „How to Build a Sourcing Strategy"; Strategic Analysis Report, 23. September 2002

Die vier zentralen Sourcing-Modelle

Sourcing ist letztendlich immer eine „make-or-buy"-Entscheidung des Unternehmens. Geschäftliche Aktivitäten können entweder intern oder extern durch zugekaufte Dienstleistungen erbracht werden. Die „make-or-buy"-Entscheidung bezieht sich vor allem auf zwei Dimensionen:

1. Externalisierung von Ressourcen

Zunächst stellt sich die Frage, ob vorwiegend interne oder externe Ressourcen zur Leistungserbringung eingesetzt werden. Eine hohe Externalisierung von Ressourcen ergibt sich zum Beispiel bei der Bereitstellung von Fachkräften im Rahmen eines Beratungs- oder Outsourcing-Vertrags. Neben Human-Ressourcen zählen dazu auch weitere Ressourcen wie Gebäude, Systeme oder Anlagen.

2. Externalisierung von Verantwortung

Zudem muß entschieden werden, ob die operative Verantwortung für die Leistungserbringung im Unternehmen verbleibt oder an externe Partner delegiert wird. Eine hohe Externalisierung der Verantwortung ergibt sich z.B. beim Outsourcing, wenn der externe Dienstleister das unternehmerische Risiko für einen Teilbereich übernimmt.

Entlang dieser beiden Achsen lassen sich vier zentrale Sourcing-Alternativen unterscheiden (siehe Abbildung 1):

1. Insourcing,
2. Buy-In,
3. Contracting Out,
4. Outsourcing.

Insourcing

Insourcing umfaßt Sourcing-Ansätze, bei denen der überwiegende Teil der Leistungen durch interne Ressourcen erbracht werden. Zudem liegt die volle operative Verantwortung beim internen Management. Externe Dienstleistungen werden nur selektiv und zeitlich begrenzt eingekauft und spielen selten eine größere strategische Rolle. Beispiele sind Bereiche wie Rechnungswesen oder Informationstechnologie, die intern als Cost oder Profit Center mit eigenständiger Verantwortung ausgerichtet sind.

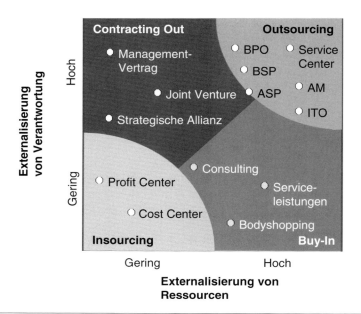

Abbildung 1: Die vier zentralen Sourcing-Modelle

Buy-In

Auch in der zweiten Kategorie verbleibt die operative Verantwortung weitgehend beim internen Management. Es wird jedoch ein bedeutender Teil der Ressourcen extern zugekauft. Diese externen Ressourcen haben eine unterschiedliche strategische Rolle. Beim sogenannten Bodyshopping geht es vorwiegend um den Erwerb zusätzlicher Arbeitskraft bei zeitweiser Überlastung der internen Mitarbeiter. Bei Serviceleistungen steht bereits stärker das Know-how der externen Dienstleister im Mittelpunkt. Hier, und mehr noch bei Consulting, werden vor allem externe Fähigkeiten eingekauft, die im Unternehmen nicht oder in nicht ausreichendem Umfang vorhanden sind. Beispiele sind Berater mit speziellem Know-how im Management von Veränderungsprozessen oder Dienstleister mit Erfahrung im Training und Coaching von Mitarbeitern.

Contracting Out

Beim Contracting Out wird die operative Verantwortung weitgehend an einen externen Partner übergeben. Die benötigten Human-

Ressourcen stammen jedoch zum großen Teil aus dem eigenen Unternehmen. Die strategische Partnerschaft zwischen Unternehmen und externen Anbietern ist auf einen längeren Zeitraum ausgelegt. Die Zusammenarbeit kann durch einen Managementvertrag, oder durch einen gemeinsamen juristischen Rahmen (z.B. Strategische Allianz, Joint Venture) geregelt sein.

Outsourcing

Bei der vierten und letzten Kategorie, dem Outsourcing, werden die notwendigen Ressourcen weitgehend vom externen Dienstleister übernommen oder gestellt. Dieser übernimmt auch die volle Verantwortung für den operativen Betrieb des Teilbereichs. Dabei kann es sich beispielsweise um den Betrieb der EDV-Infrastruktur (IT-Outsourcing, ITO), der Anwendungswartung einzelner Applikationen wie der Unternehmenssoftware SAP (Application Maintenance, AM), oder kerngeschäftsnaher Funktionen wie des Rechnungswesens oder der Gehaltsabrechnung (Business Process Outsourcing, BPO) handeln. Beim klassischen Outsourcing übernimmt der externe Dienstleister bei der Auslagerung eines Bereichs die dort beschäftigten Mitarbeiter und gewisse Anlagen (z.B. das Computersystem). Insbesondere für stark wachsende Unternehmen oder neue Bereiche sind alternative Konzepte entstanden. Beim Application Service Providing (ASP) oder Business Service Providing (BSP) stellt der externe Dienstleister den Service durch eigene Mitarbeiter und Systeme auf Leihbasis zur Verfügung. Ähnlich ist es bei Dienstleistern, die über ein Netzwerk von Service Centern verfügen, die für mehrere Kunden tätig sind und meist an kostengünstigen Standorten in Übersee angesiedelt sind (Offshore-Outsourcing).

Bewertung der Modelle

Das derzeitige Marktumfeld führt bei vielen Firmen zu steigendem Kostendruck. (1) Kosteneinsparungen rücken somit kurzfristig ins Zentrum der Sourcing-Entscheidungen. Für den langfristigen Erfolg sind jedoch weitere Ziele notwendig, unter anderem die (2) Verbesserung der Fähigkeiten und der (3) Servicequalität. Unter zunehmend volatilen Marktbedingungen legen Unternehmen verstärkt Wert auf hohe (4) Flexibilität. Zudem werden Sourcing-Modelle mit geringem (5) Risiko bevorzugt. Wie schneiden die einzelnen Sourcing-Optionen im Hinblick auf diese Ziele ab?

Kosteneinsparungen

IT-Dienstleister preisen Outsourcing als Königsweg aus der Kostenfalle an. In der Regel werden Einsparungen von 30 bis zu 50 Prozent der operativen Kosten versprochen. Kritiker des Outsourcing-Ansatzes merken dazu jedoch an, daß es allzu oft bei Versprechungen bleibt. Interessant sind in diesem Zusammenhang die Erkenntnisse der Transaktionskostentheorie, insbesondere der Arbeiten von Oliver E. Williamson, Professor für Betriebswirtschaftslehre an der University of California.[4] Nach dem Transaktionskostenansatz müssen zwei Kostenarten im Bezug auf Outsourcing unterschieden werden. Produktionskosten bezeichnen die operativen Kosten, die direkt mit der Planung und Durchführung einer Aufgabe verbunden sind. Transaktionskosten umfassen Kosten, die sich aus der Steuerung und Abwicklung der Aufgabe ergeben. Im Vergleich zu internen Lösungen, führt Outsourcing zwar zu reduzierten Produktionskosten, aber auch zu steigenden Transaktionskosten. Die Einsparungen bei den Produktionskosten erklären sich aus Skalenvorteilen und effizienteren Methoden des spezialisierten externen Anbieters. Der Bedarf an Verhandlungen, Kontrolle und Abstimmung mit externen Partnern erhöht dagegen die Transaktionskosten. In abgeschwächtem Maße trifft diese Aussage auch für die beiden Zwischenformen Buy-In und Contracting Out zu. Durch beide Modelle lassen sich die Produktionskosten reduzieren, beide Ansätze führen jedoch auch zu erhöhten Transaktionskosten. Entscheidend ist demnach die Frage, welches Modell den idealen Kompromiß zwischen den beiden Kostenarten bietet. Laut Williamson gibt es keine Universallösung. Die richtige Sourcing-Entscheidung ist abhängig von den Merkmalen der jeweiligen Aktivität.

Verbesserung der Fähigkeiten

Externe Anbieter stellen dem Unternehmen spezifische Kenntnisse und Fähigkeiten zur Verfügung. Neben Fachkenntnissen bringen externe Partner häufig Management- und Methodenkompetenz ein. So sind in Unternehmen z.B. oft die notwendigen Fähigkeiten zum Management von Veränderungsprozessen nicht vorhanden. Der Ressourcenbasierte Ansatz des strategischen Managements sieht deshalb die externen Akquise von Fähigkeiten, beispielsweise durch Outsourcing, als

---

[4] Williamson, O.E. (1979): „Transaction-cost economics: The governance of contractual relations"; in: Journal of Law and Economics, Vol. 22, S. 233 – 261; Cheon, M.J. / Grover, V. / Teng, J.T. (1995): „Theoretical perspectives on the outsourcing of information systems"; Journal of Information Technology, Vol. 10, pp. 209–219

zentrale Methode, um Fähigkeitslücken im Unternehmen zu schließen. Ob ein interner Aufbau dieser Fähigkeiten oder die externe Akquisition vorteilhafter ist, hängt jedoch vom Unternehmen ab. Diese Entscheidung erfordert eine sorgfältige Analyse und Gegenüberstellung der vorhandenen und benötigten Fähigkeiten.

Servicequalität

Neben Kosteneinsparungen und Zugriff auf neue Fähigkeiten, erhoffen sich Unternehmen von externen Partnern eine Verbesserung der Servicequalität. Externe Dienstleister erreichen dies häufig aufgrund (1) neuerer Technologien, (2) höher qualifiziertem und motiviertem Personal, und (3) besseren Management- und Kontrollmethoden. Bei Outsourcing-Verträgen werden häufig vorab bestimmte Servicegrade vereinbart und garantiert. Ob externe Hilfe zu höherer Servicequalität führt, ist letztendlich abhängig von den spezifischen Kompetenzen, die im Markt vorhanden sind. Nach dem Ressourcenabhängigkeits-Ansatz muß das Unternehmen auf externe Hilfe zurückgreifen, wenn der Markt über wichtige Ressourcen verfügt, die dem Unternehmen fehlen. Bieten Outsourcing-Anbieter verbindliche Service-Level-Agreements (SLA), die einen bestimmten Servicegrad garantieren? Die richtige Sourcing-Entscheidung erfordert somit nicht nur eine Analyse des Unternehmens, sondern auch des Marktumfeldes und der Serviceanbieter.

Flexibilität

Die Fähigkeit des Unternehmens, mit hoher Flexibilität auf Veränderungen im Markt zu reagieren, wird immer wichtiger. Der Vorteil des externen Sourcing besteht darin, daß Dienstleister häufig auf ein großes Reservoir an Ressourcen und Fähigkeiten zurückgreifen können und diese flexibler einsetzen können als dies intern möglich wäre. In besonderem Maße ist dies bei den Optionen Buy-In und Contacting Out der Fall. Outsourcing bietet zusätzlich den Vorteil, daß Festkosten in variable Kosten umgewandelt werden können (z.B. beim Mietgeschäft ASP). Zunehmend werden Lösungen angeboten, bei denen das Unternehmen nur soviel von einem Service in Anspruch nehmen muß, wie jeweils aktuell benötigt wird (z.B. pay-by-the-drink oder pay-as-you-go).

Risiko

Gegner des Outsourcing-Ansatzes weisen häufig auf ein höheres Risiko hin. In der Logik der Agency Theory besteht bei der Übertragung einer Tätigkeit an einen externen Dienstleister stets die Gefahr, daß die Aufgabe weniger zuverlässig erledigt wird als bei einer internen Lösung. Externe Dienstleister haben eigene Interessen (z.B. Gewinnmaximierung), die den Interessen des Unternehmens zum Teil zuwiderlaufen. Dies erfordert wiederum ein hohes Maß an Kontrolle und verursacht so zusätzliche „Agency-Kosten". Wie hoch dieses Risiko ist, hängt von vielen Faktoren ab. Wie erfahren und zuverlässig sind die Anbieter im Markt? Wie kritisch ist die Aktivität für den Geschäftserfolg?

Entscheidungsmatrix für strategisches Sourcing

Zusammenfassend läßt sich feststellen, daß es kein universell passendes Sourcing-Modell gibt. Welches Modell das jeweils beste ist, hängt von einer Reihe von Einflußfaktoren ab. Um die richtige Entscheidung zu treffen, müssen diese Faktoren für jede Entscheidungssituation individuell analysiert werden. Im folgenden soll deshalb eine Entscheidungsmatrix für strategisches Sourcing entwickelt werden (siehe Abbildung 2). Die Matrix enthält Analyseansätze für vier Bereiche, die die wesentlichen Einflußfaktoren einer Sourcing-Entscheidung repräsentieren:

1. Aktivität,
2. Unternehmen,
3. Markt,
4. Zeit.

Analyse der Aktivität

Welches Sourcing-Modell eignet sich am besten für eine bestimmte Aktivität? Die Antwort ergibt sich aus der Analyse von drei Kriterien. Jede Aktivität muß zunächst auf ihre (1) strategische Bedeutung für die Wettbewerbsfähigkeit des Unternehmens untersucht werden. Diese kann für dieselbe Aktivität von Unternehmen zu Unternehmen stark variieren. Für den Online-Buchhändler Amazon hat die IT-Funktion eine strategische Bedeutung, die ihr in traditionelle Buchhandlungen nicht zukommt. Unabhängig von der geringeren strategischen Bedeutung kommt der IT-Funktion im Buchhandel aber eine gewisse (2) operative Bedeutung zu. Eine reibungslose Geschäftstätigkeit einer Buch-

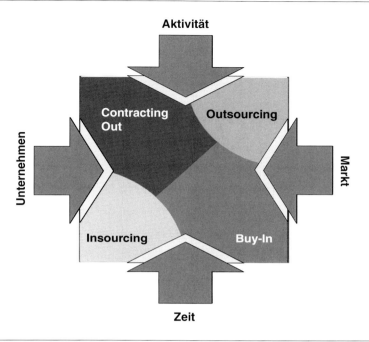

Abbildung 2: Entscheidungsmatrix für strategisches Sourcing

handlung mit Filialen im ganzen Bundesgebiet ist z.B. ohne ein gut funktionierendes Buchungs- und Lieferungssystem undenkbar. Als dritter Analyseschritt stellt sich die Frage nach der (3) Verankerung der Aktivität im Unternehmen. Eine Auslagerung von Applikationen im Bereich Logistik wird im Buchhandel z.B. durch die vielen Schnittstellen mit anderen Systemen und Funktionen erschwert.

Je nach Bewertung der drei Kriterien entlang der Kategorien gering versus hoch ergeben sich folgende Sourcing-Empfehlungen (siehe Abbildung 3):

Aktivitäten, die wie die IT-Funktion im Fall Amazon zugleich zentral für eine reibungslose Geschäftstätigkeit und den Erfolg im Wettbewerb sind, stellen die Kernaufgaben des Unternehmens dar. Diese Funktionen müssen intern verbleiben und weiterentwickelt werden.

Aktivitäten, die dagegen weder besondere strategische noch operative Bedeutung besitzen und zudem nicht zu stark im Unternehmen verankert sind, eigenen sich besonders für das Outsourcing. Ein typisches

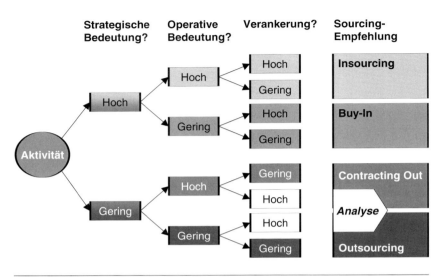

Abbildung 3: Analyse der Aktivität

Beispiel ist der technische Support für Desktops im Unternehmen. Externe Anbieter haben hier bessere Fähigkeiten und Möglichkeiten, durch standardisierte Lösungen Kosten einzusparen.

Besitzt eine Aktivität eine geringe strategische Bedeutung und eine niedere Verankerung im Unternehmen, ist aber von hoher operativer Bedeutung, bietet sich Contracting Out an. Im Fall des Buchhandels stellt das Management von Applikationen beispielsweise keinen unmittelbaren Wettbewerbsvorteil dar, ist jedoch von vitaler Bedeutung für den Geschäftsbetrieb. Eine rein interne Lösung bindet knappe Ressourcen, die dann in den zentralen strategischen Funktionen des Unternehmens fehlen. Outsourcing bedeutet einen gewissen Kontrollverlust und ein zunehmendes Risiko, was aufgrund der hohen operativen Relevanz gefährlich ist. Es empfiehlt sich daher der Mittelweg: Im Rahmen eines Managementvertrags kann die operative Verantwortung (z.B. für Kostenreduzierungen) an einen externen Anbieter transferiert werden. Zugleich verbleiben das notwendige Know-how und die direkte Kontrolle der zentralen Funktion im Unternehmen. Treten Probleme auf, besteht die Option einer relativ einfachen Rückabwicklung.

Eine Aktivität von hoher strategischer Relevanz mit gleichzeitig geringer operativer Bedeutung muß grundlegend hinterfragt werden. Besitzt ein Buchhändler z.B. ein Tool, das antiquarische Bücher in den Datenbanken aller Großhändler weltweit sucht, kann er sich durch die Fähigkeit, seltene Bücher zu beschaffen, von der Konkurrenz abgrenzen. Verfolgt die Geschäftsleitung jedoch eine Strategie der Konzentration auf wenige Titel mit hohen Absatzzahlen, verliert diese Fähigkeit jegliche operative Bedeutung. Solche Fähigkeiten entstehen in Unternehmen häufig infolge von Strategiewechseln oder von eigenmächtigen Entwicklungen einzelner Funktionsbereiche. In diesen Fällen empfiehlt sich das Aufsetzen eines Projektes, idealerweise mit externer Unterstützung (Buy-In), in dem die Aktivität analysiert wird. Häufig wird es zur Einstellung dieser Aktivität kommen, in anderen Fällen bietet sich ein Verkauf oder eine Ausgründung an.

Empfiehlt sich nach der Analyse der strategischen und operativen Bedeutung ein Contracting Out oder Outsourcing, so kann dies durch eine hohe Verankerung der Aktivität im Unternehmen erschwert werden. In diesen Fällen sollte zunächst eine sorgfältige Analyse, eventuell mit externer Unterstützung, erfolgen. Wie hoch ist das Risiko einer Auslagerung? Können Schnittstellen durch den Wechsel zu Standardlösungen reduziert werden? Generell bietet sich hier eher ein Contracting Out als eine komplette Auslagerung an.

Analyse des Unternehmens

Welches Sourcing-Modell eignet sich am besten für das Unternehmen? Die Analyse sollte entlang von drei zentralen Kriterien erfolgen. Zunächst bietet sich ein Benchmarking der (1) relativen Fähigkeiten und der (2) relativen Kostenvorteile für eine Aktivität an. Wie schneidet das Unternehmen im Vergleich zur Konkurrenz ab? Zusätzlich stellt sich die Frage nach der Kompetenz des Unternehmens in Bezug auf (3) externes Sourcing. Wie viel Erfahrung hat das Unternehmen mit Outsourcing und anderen komplexen Sourcing-Modellen wie Contracting Out?

Aus der Bewertung der drei Kriterien ergeben sich folgende Sourcing-Empfehlungen (siehe Abbildung 4):

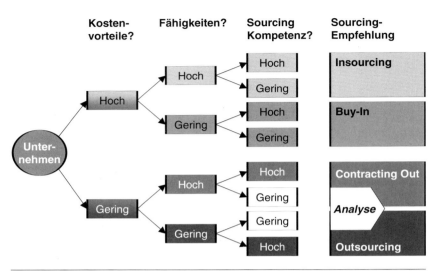

Abbildung 4: Analyse des Unternehmens

Aktivitäten, in denen das Unternehmen gegenüber der Konkurrenz sowohl bei den Kosten als auch bei den Fähigkeiten sehr gut abschneidet, eignen sich primär für eine interne Erledigung. Beratungsleistungen und Outsourcing könnten hier kaum Verbesserungen bringen.

Aktivitäten, bei denen das Unternehmen zwar eine gute Kostenposition hat, aber eher geringe Fähigkeiten, erfordern externe Unterstützung zur Schließung der Kompetenzlücken. In der Regel lassen sich diese Fähigkeiten in Form von Beratungsleistungen einkaufen (Buy-In).

Sind gute Fähigkeiten intern vorhanden, aber die Kosten zu hoch, steht Contracting Out an erster Stelle. Die interne Fachkompetenz wird kombiniert mit den Managementfähigkeiten eines strategischen Partners. Anders als bei Beratungsprojekten werden langfristige Einsparungen vertraglich garantiert. Der externe Partner übernimmt die Verantwortung für deren Realisierung.

Bei schlechten Noten sowohl im Hinblick auf Fähigkeiten als auch Kosten, ist Outsourcing die beste Option. Externe Anbieter können die notwendigen Kompetenzen einbringen und Skalenerträge realisieren.

Bei geringer Erfahrung mit Contracting Out oder Outsourcing ist ein stufenweises Vorgehen zu empfehlen: Zunächst wird der Bereich

DAS XX. JAHRHUNDERT
FOTOGRAFIEN ZUR DEUTSCHEN GESCHICHTE 1880-1990
aus der Sammlung des Deutschen Historischen Museums

1. April bis 27. Juni 2004
Ausstellungshalle von I.M.Pei
Geöffnet 10 bis 18 Uhr
Eintritt: 2 €
Jugendliche bis 18 Jahre frei

Alte und Neue Zeit. Luftkapitän Engelhard im Anflug auf Johannisthal bei Berlin am 8. Dezember 1910

DAS XX. JAHRHUNDERT

Amüsant und kurios, gewaltig und brutal, erschütternd und sentimental – die Geschichte des 20. Jahrhunderts hat viele Gesichter. Fotografen haben sie eingefangen und dokumentieren mit ihren Motiven fast lückenlos die vergangenen hundert Jahre. Eine Bildergeschichte aus zahlreichen Nachlässen von Fotografen und Bildagenturen aber auch von Privatpersonen öffnen dem Betrachter ein »deutsches Familienalbum«, das einen Einblick in die großen und kleinen Ereignisse der deutschen Geschichte und die kollektiven wie persönlichen Erinnerungen ermöglicht.

THEMEN DER AUSSTELLUNG

KAISERREICH
Der Kaiser und sein Untertan
Über das Land und durch die Dörfer –
Hermann Ventzke
In der großen Stadt
Mein Feld ist die Welt
Die Welt ist mein Feld
Im Felde
Die zensierte Presse
»Schnappschüsse« von der Front

WEIMARER REPUBLIK
Das Gesicht der Weimarer Republik
Walter Ballhause – Arbeiterfotografie
Die Illustrierte Presse
Reisen nach Arkadien
Straßenkampf und Stimmenfang

NATIONALSOZIALISMUS
Deutschland unterm Hakenkreuz
Juden unterm Hakenkreuz
Das 3. Reich in 3-D –
Der Raumbild Verlag Schönstein
Propaganda-Kompanien
Im Ghetto

NACHKRIEGSZEIT
Im Blick der Sieger
Trümmerjahre

DDR
Die DDR - Ein Staat neuen Typs
Die Berliner Mauer
Leben im »realen« Sozialismus

BRD
Wirtschaftswunderland
Modell Deutschland

IN EINEM LAND

Barbara Klemm, Christos verhüllter Reichstag in Berlin 1995

**Katalog,
Edition Braus,
Preis: 25 €**

**Ausstellungshalle von I.M.Pei
Unter den Linden/
Hinter dem Gießhaus
Berlin-Mitte**

**Informationen
Deutsches
Historisches Museum
Unter den Linden 2
10117 Berlin
Tel.: +49/ 30/ 20 30 40
www.dhm.de/ausstellungen**

intern mit Unterstützung von externen Beratern für das Outsourcing fit gemacht (z.B. durch Reorganisation zersplitterter Bereiche in einem Kompetenz-Center). Die Auslagerung kann dann in einem weiteren Schritt erfolgen.

Analyse des Marktes

Welches Sourcing-Modell eignet sich am besten unter gegebenen Marktbedingungen? Letztendlich müssen bei einer „make-or-buy"-Entscheidung immer die beiden alternativen Märkte zur Akquise interner (Arbeitsmarkt) und externer Ressourcen (Servicemarkt) gegenübergestellt werden. Wie ist die (1) Verfügbarkeit von Fachkräften am Arbeitsmarkt? Gibt es ein Überangebot oder herrscht ein Wettbewerb um knappe Ressourcen? Wie ist es hingegen um die (2) Verfügbarkeit von Serviceanbietern bestellt? Gibt es eine ausreichende Zahl konkurrierender Anbieter mit entsprechenden Erfahrungen? Oder besitzen einige wenige Anbieter große Marktmacht?

Aus der Bewertung der Verfügbarkeit von qualifizierten Ressourcen an den Arbeits- und Servicemärkten ergeben sich folgende Sourcing-Empfehlungen:

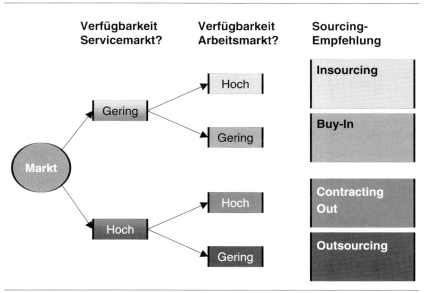

Abbildung 5: Analyse des Marktes

Bei einer geringen Verfügbarkeit von Serviceanbietern und einer gleichzeitig entspannten Lage am Arbeitsmarkt, spricht vieles für Insourcing. Serviceangebote sind in dieser Situation relativ teuer und die Anbieter oft unerfahren. In Deutschland gibt es z.B. für die Funktion Controlling nur wenige Anbieter mit Erfahrung in Großunternehmen. Gleichzeitig ist die Verfügbarkeit von Fachkräften in diesem Bereich recht gut.

Bei einer geringen Verfügbarkeit sowohl am Arbeits- als auch am Servicemarkt gibt es keine Ideallösung. In der Regel müssen Unternehmen in dieser Situation zu teuren Tagessätzen auf wenige Serviceanbieter zurückgreifen, da sie den Wettbewerb am Arbeitsmarkt um knappe Ressourcen gegen spezialisierte Anbieter meist verlieren (Buy-In). Ein Beispiel ist das Erstellen von Bonitäts-Ratings. Die wenigen Experten werden mit hohen Gehaltszahlungen von einigen Anbietern (u.a. Moody's) aufgesogen, die dann wiederum die hohen Kosten an die Kunden weitergeben.

Bei einer hohen Verfügbarkeit am Arbeits- und am Servicemarkt stellen Contracting Out oder Outsourcing eine gute Lösung dar. Die hohe Kompetenz und attraktive Angebote konkurrierender Dienstleister können so genutzt werden. Gleichzeitig werden Arbeitskräfte günstig vom Arbeitsmarkt akquiriert. Für die Mehrzahl der Arbeitskräfte fällt so der für Consulting oder Outsourcing übliche Aufschlag nicht an.

Bei hoher Verfügbarkeit am Service- und gleichzeitig angespannter Lage am Arbeitsmarkt hat Outsourcing erste Priorität. Erfahrene Anbieter mit den notwendigen Kapazitäten stehen zur Verfügung. Infolge des Wettbewerbs zwischen zahlreichen Anbietern sind attraktive Angebote verfügbar. Diese Situation war über die vergangenen Jahre z.B. in der Gehaltsabrechnung oder beim Desktop-Support vorzufinden.

Analyse der Entwicklung

Die drei bisherigen Analysen untersuchen und empfehlen die aktuell beste Lösung. Die Marktumgebung ändert sich heute jedoch recht schnell. Die richtige Sourcing-Entscheidung hängt somit, insbesondere bei langfristigen Modellen wie Outsourcing, auch von zukünftigen Entwicklungen ab. Dabei stellt sich zunächst die Frage nach der (1) Reife der Aktivität. Steht die Aktivität am Anfang oder eher am Ende ihres Lebenszyklus? Während dieser Aspekt eher die Marktseite betrachtet, muß auch intern die (2) zukünftige strategische Relevanz der Aktivität ermittelt werden. Kommt dieser Aktivität in der zukünftigen strategischen Planung des Unternehmens eine höhere oder geringere Rolle zu?

Aus der Analyse der beiden Kriterien ergeben sich folgende Sourcing-Empfehlungen:

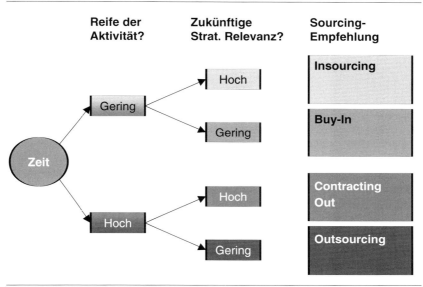

Abbildung 6: Analyse der Entwicklung

Bei einem geringen Reifegrad einer Aktivität und gleichzeitig hoher zukünftiger Relevanz empfiehlt sich Insourcing als beste Option. Eine Auslagerung einer jungen und instabilen Aktivität, mit der das Unternehmen noch wenig Erfahrung hat, ist äußerst riskant. Den Firmen fehlt das Know-how, um vorteilhafte Verträge auszuhandeln. Zudem werden wichtige Lernmöglichkeiten vertan. Das Unternehmen macht sich auf Dauer von externen Anbietern abhängig.

Aktivitäten mit geringem Reifegrad, aber auch geringer zukünftiger strategischer Relevanz können mit externer Unterstützung erbracht werden (Buy-In). Da zukünftige Entwicklungen schwer absehbar sind, ist eine flexible Lösung unerläßlich. Ein internes Kernteam kann Wissensträger herausbilden. Dabei können externe Ressourcen je nach Bedarf temporär unterstützend eingesetzt werden. Beispiele sind z.B. die Zertifizierung mit ISO 9000 oder neue Managementtechniken wie Balanced Scorecards oder Best Practice Management.

Bei ausgereiften Aktivitäten ist eine Auslagerung generell weniger riskant. Das Unternehmen hat die Lernkurve bereits durchlaufen und kann die zukünftigen Bedürfnisse abschätzen. Bei hoher zukünftiger strategischer Relevanz ist daher ein Contracting Out attraktiv. Das Unternehmen behält zwar die enge Kontrolle über diese Bereiche, kann sich jedoch stärker auf aktuellere Herausforderungen konzentrieren.

Bei hohem Reifegrad und geringer zukünftiger strategischer Relevanz ist Outsourcing die erste Wahl. Ein Beispiel ist die derzeitige Auslagerung der EDV-Infrastruktur bei der Deutschen Bank. Inzwischen wird weitgehend auf gut etablierte und standardisierte Technologien zurückgegriffen. Zudem ist diese Aktivität nur von untergeordneter Bedeutung für die zukünftige Strategie der Bank.

Fazit

Entscheider in Unternehmen benötigen ein profundes Verständnis alternativer Sourcing-Modelle und die Fähigkeit, für jede fragliche Aktivität die richtige Sourcing-Entscheidung zu treffen. In diesem Kapitel wurden die Grundlagen gelegt, um für solche Entscheidungssituationen gerüstet zu sein.

Die vier entwickelten Analyseansätze zeigen die grundlegenden Einflußfaktoren und Zusammenhänge auf, die bei Sourcing-Entscheidungen berücksichtigt werden müssen. Insbesondere in einer frühen Phase der Entscheidungsfindung lassen sich einzelne Optionen schnell durchspielen. In einigen Fällen wird es zu übereinstimmenden Empfehlungen in allen vier Bereichen kommen. In anderen Fällen können die Einzelempfehlungen zum Teil widersprüchlich sein. Vorwiegend im letzteren Fall ist eine genauere Betrachtung und Abwägung der einzelnen Effekte notwendig. Bei widersprüchlichen Situationen gilt der Grundsatz, die Option mit dem jeweils geringeren Risiko auszuwählen. Zudem kann das Ergebnis der Analyse je nach Zeitpunkt stark variieren. Aktivitäten, die heute noch nicht reif für Outsourcing sind, können sich durch die Weiterentwicklung des Unternehmens und des Marktes zu zukünftigen Auslagerungskandidaten entwickeln.

Dabei konnte im Rahmen dieses Kapitels nur ein grobes Raster vorgegeben werden. Jedes Unternehmen benötigt eine für sich individuell zugeschnittene Lösung. Zudem ist die Aufgabe eines strategischen Sourcing mit der Wahl eines Sourcing-Modells noch lange nicht abgeschlossen. Weitere Aufgaben, wie zum Beispiel die Auswahl des richtigen Partners, das Aufsetzen eines guten Vertrags oder das Schaffen der Grundlagen einer erfolgreichen Zusammenarbeit, schließen sich an. So wichtig diese weiteren Schritte jedoch auch sein mögen, die grundlegende Sourcing-Entscheidung stellt die Weichen für den späteren Erfolg oder Mißerfolg. Strategisches Sourcing wird so zur zentralen Managementaufgabe der Zukunft.

Die Arbeitswelt im Sourcing-Zeitalter

Matthias Horx

Die Welt des Wissens

Von Charles Leadbeater, einem Mitglied des britischen Think Tanks Demos, stammt eine ebenso kurze wie präzise Definition der Wertschöpfungsprozesse in der Wissensökonomie:

„The engine of growth will be the process through which an economy creates, applies and extracts value from knowledge."[1]

Dieses scheinbar elegante englische Bonmot hat es in sich. Es ähnelt einem buddhistischen „koan", einem Weisheitssatz, in den doch die Tücken des Mißverständnisses und der verkürzten Wahrnehmung eingebaut sind. In der deutschen Übersetzung (die immer etwas steif klingt) liest es sich etwa so: „Wirtschaftlicher Erfolg basiert in der Wissensökonomie auf der Fähigkeit, aus Wissen Mehrwert zu kreieren, anzuwenden und zu extrahieren."

Das erste Mißverständnis könnte zum Beispiel auf einer Verwechslung von „Wissen" mit „Information" basieren. Unternehmen haben in den vergangenen Jahren Milliarden in IT-Technologie investiert. Aber nur in den allerwenigsten Fällen, gelang es ihnen, ihre internen Kommunikationsstrukturen dabei mitzuverändern. Die Folge waren gigantische „Informationswüsten" – riesige Speichermengen toter Bits und Bytes, die die Unternehmensabläufe nicht voranbrachten, sondern drosselten und eine „digitale Bürokratie" ohne Grenzen erzeugten. Peter Senge formulierte es in seinem Buch „The Dance of Change" so: „Der zentrale Grund, weshalb Wissenskreisläufe so schwer in eine Organisation hineinzubringen sind, besteht darin, daß sie eben keine Maschinen sind. Wir rufen, wenn etwas im Unternehmen nicht stimmt, nach Mechanikern, in Wirklichkeit benötigen wir Gärtner.

---

[1] Zitiert nach Selzer, Kimberley / Bentley, Tom (2001): „The Creative Age", DEMOS-Broschüre, S. 13

Wir installieren größere Computer, aber kümmern uns nicht um die Architektur. In der Natur aber beginnt niemals etwas Großes, sondern es fängt immer als etwas Kleines an, das dann wächst. We keep trying to drive change – when what we need is to cultivate change."

Das ist die Ausgangslage: Was Unternehmen in Zukunft erfolgreich macht, liegt weder auf den Servern, noch in Lizenzen oder auf dem Patentamt. Es sind „Kommunikationen und Kooperationen", die das Wissen lebendig machen. Und Wissen gehört, anders als Informationen, immer nur den Menschen und ihrem Willen weiterzulernen. Wenn man so will: Soziotechnik schlägt Technologie. Wie aber paßt dies zusammen mit den neuesten – und noch kommenden – Entwicklungen in den Organisationen der Arbeit?

Zumutungen und Herausforderungen

Die Idee des „Sourcing" ist ohne Zweifel die jüngste und spannendste Entwicklung in einer langen Kette von Reengeneering und Restrukturierungsmaßnahmen, in denen sich Unternehmen immer mehr wissensökonomischen Strukturen annähern. Outsourcing wie Insourcing denkt die Frage der Wertschöpfungsketten bis ans konsequente Ende. Nicht mehr „die Firma" selbst steht nun im fokalen Punkt des Denkens und Veränderns, sondern die Prozesse und ihre Effektivität. Wer kann was wo am besten leisten? So werden Unternehmen von Produktionsstätten zu „Meta-Organisatoren". Jeder wird zum Dienstleister. Und alle treten damit auf den freien Markt der Kompetenzen.

Für die Menschen, die in Organisationen mit einer langen, industriell geprägten Geschichte arbeiten, bedeutet dies ohne Zweifel ein weiteres Umdenken. Denn nun wird nicht nur die Arbeitsorganisation selbst mit all ihren Nischen und Kontinuitäten in Frage gestellt, sondern auch „das Identische" des Unternehmens selbst.

Es besteht die Gefahr, daß eine Krankheit weiter um sich greift, die die schweizerische Managementberaterin Betty Zucker einmal trefflich „Chronic Change Fatigue" genannt hat, die „chronische Wandlungsmüdigkeit":

„Der Sinn des Geschäftes scheint immer weniger im Geschäft als im ewigen Wandel zu liegen. Auch wenn viele Mitarbeiter hoffen, daß nach der x-ten Reorganisation im Unternehmen endlich Ruhe eintritt, sieht die Realität häufig anders aus. Zu viel lief schief, zu viele Verlierer schleichen durch die Gänge, so daß ‚Change' oft nicht mehr Chance begriffen wird. Folgt noch eine ‚Neuaufstellung'? Noch einmal eine neue Fassade, ein anderes Logo? Noch eine Desillusion mehr?"[2]

Sourcing-Prozesse bedeuten immer auch Identitätskrisen. Wenn der Automobilhersteller Mercedes extern produzieren, kommunizieren, kontraktieren oder distribuieren läßt, handelt es sich dann überhaupt noch um Mercedes? Und wer bin „ich" dann, Mercedes-Mitarbeiter, Angestellter eines ehrenwerten Konzerns, Mitarbeiter einer berühmten Marke? Sourcing bedeutet, daß eine Menge Pufferfunktionen wegfallen. Der alte „Industrial Man" hatte in seinem (sichtbaren oder unsichtbaren) Arbeitsvertrag ja stets auch den Anspruch stehen, daß ihn die Abteilung, das Unternehmen oder die Marke vor allzu viel Direktheit in der Auseinandersetzung mit „dem Markt" bewahrte. Der Deal lief auf eine zeitliche Umverteilung von Leistung hinaus: Man bekam ein (regel-)mäßiges Gehalt und konnte sich, wenn es hart kam, zumindest eine Weile in den Falten der großen Organisation verstecken. Für viele fand sich auch in härteren Zeiten noch ein ruhiges Plätzchen, für die meisten war eine Krise gleichbedeutend mit „ein wenig kürzer zu treten". Der nächste Konjunkturaufschwung würde den großen Tanker schon wieder flott machen.

Sourcing reagiert auf ein generell verändertes konjunkturelles Umfeld, in der die Wirtschaftszyklen keineswegs mehr automatisch erfolgen (und auch sehr nur noch sehr spezifisch auf einzelne Branchen oder Unternehmen wirken). Vor allem Outsourcing erzeugt deshalb zunächst einmal Angst, Unsicherheit, Sehnsucht nach der Vergangenheit, Disloyalität und schlechte Laune. Hat sich der Sourcing-Gedanke jedoch einmal als Grundkultur eines Unternehmens durchgesetzt, entsteht ein völlig anderer Effekt. Jeder Mitarbeiter, der ja nun „hart am Markt" positioniert ist, ist über seinen Marktwert informiert. Da er in ständiger Konkurrenz zu anderen Abteilungen, Angeboten, womöglich in anderen Ländern und Kontinenten steht, kennt er sich am Markt aus. Das spornt ihn auf neue Weise zur Leistung an. Es läßt ihn aber auch täglich darüber nachdenken, wie er seinen Marktwert besser realisieren kann.

Viele Unternehmen leben heute noch in einer „eat-the-cake-and-keep-it"-Vorstellung – sie glauben, sie könnten den Kuchen essen und ihn gleichzeitig behalten. Die Belegschaft wird also mit den Zwängen des Marktes konfrontiert. Alte Loyalitäten, die auf lebenslangen Arbeitskontrakten und geringer Fluktuation basierten, bleiben jedoch unverändert. Doch das neue Wissen des Mitarbeiters ist nicht nur ein Angst-

---

[2] GDI-IMPULS 2/2001, S. 14.

posten. Es ist auch ein Aktivposten – ein Pfund, mit dem der Einzelne wuchern kann.

In den „Talent Wars", die in den qualifikationsknappen Jahren ab dem Jahr 2005 zwangsläufig ausbrechen werden, wird in dieser Hinsicht für viele Unternehmen die Stunde der Wahrheit schlagen.

Die neue Härte

Gisela Erler, Tochter des charismatischen SPD-Nachkriegspolitikers Fritz Erler, heute Inhaberin des größten deutschen Work/Life-Balance-Beratungsunternehmens (www. familienservice.de), beschrieb kürzlich das Phänomen weiblichen Karrieredrangs an der Schwelle zur Neuen Ökonomie:

„Seit einigen Jahren entwickelt sich auch in Deutschland eine Arbeitskultur der Neuen Härte besonders in multinationalen Firmen, in Konzernen nach Fusionen, und in allen Betrieben, die im Bereich der Informationstechnologien angesiedelt sind. (...) Lange Arbeitszeiten, Reisen, Wochenendeinsätze, Hektik, ständiger E-Mail- und Handykontakt mit der Firma, extremer Zeitdruck.(...) Das ist alles nicht neu, neu ist allerdings, daß wir in solchen Firmen immer häufiger Mütter finden, die auch kurz nach der Geburt ihrer Kinder unbeirrt an dieser Kultur festhalten. Die nach nur acht Wochen Mutterschutz unbeirrt an ihren Arbeitsplatz zurückkehren. Manchmal bleibt in diesen Fällen der Partner daheim, manchmal wird eine Kindfrau eingesetzt. (...) Die Frauen, die diese Modelle leben, sind hochqualifiziert und energisch. (...) Sie verlangen viel. Von sich. Von ihren Partnern. Von den Unternehmen.[3]

Die Kultur der neuen Härte ist sicher nicht nur bei den neuen Frauenkarrieristinnen sichtbar. In allen Unternehmen entwickeln sich derzeit „Hardcore Performer", die mit hundertachtzigprozentigem Einsatz gegen die neuen Unsicherheiten kämpfen. Durchstarten heißt die Devise. Allerdings müssen Alltag und Privatleben entweder generalstabsmäßig durchorganisiert werden, oder aber – was viel wahrscheinlicher ist – , man bleibt (oder wird) familienloser Single.

Die Personalabteilungen stehen also vor einer Vielzahl an Problemen: Burn-Out-Syndrome häufen sich. Viele Individuen, die hohe Leistun-

---

3 Erler, Gisela (2000): Die postindustrielle Lebens- und Arbeitswelt, in „Die Abendröte der Industriegesellschaft", Chance für Frauen? Konrad-Adenauer-Stiftung

gen bringen, bleiben persönlich unverankert. Traditionelle Lebensmodelle zerbrechen, und das bleibt nicht ohne Auswirkungen auf das psychosoziale Klima. Im Unternehmenskern spalten sich die „Attitudes": Während die einen Karriere machen, verabschieden sich die anderen in die innere Immigration. Das zerstört unter Umständen gerade jene Potentiale von Kooperation, die für neue Wissensarbeit existentiell sind.

Was wäre die Alternative? In sanft-paternalistischen Unternehmen, die ihre MitarbeiterInnen mit großem I schreiben und ihnen jede Menge Mutterschaftsabwesenheit und anspruchslose Teilzeitkontrakte erlauben, werden die Konflikte zwischen Privat- und Berufssphäre zwar gedämpft, aber eine Lösung hat die „weiche Welle" in den Unternehmen keineswegs gebracht. Gerade in den „gutmenschlichen" Unternehmen resignieren die Frauen, bleiben weg, verheddern sich in Halbtagsjobs und schlechten Gehaltsklassen. Geholfen ist damit niemandem, und die „High Performer" bekommen allenfalls ein schlechtes Gewissen.

Wie also den Spagat aushalten? Unternehmen sollten einerseits den Mut haben, die „neue Härte„ auch bewußt zu artikulieren. Denn die neue Lage in den Märkten zwingt uns zu anderen Leistungsmerkmalen. Oftmals ist es sogar gerade dieser Druck, der den Firmen einen Vorteil im Personalmarkt gibt: Leistungsbetonte Unternehmen sind für alle attraktiv. Andererseits müssen Unternehmen verstehen lernen, auf welch komplexe Weise die moderne Gesellschaft den Einzelnen, den Mitarbeiter unter Druck setzt und damit seine Leistungskraft behindert.

Die größte Quelle von existentiellem, sprich leistungszerstörendem Streß ist vielen Studien zufolge das Privatleben. Neue asynchrone Lebenszyklen und -phasen entstehen. Das Leben eröffnet viele Möglichkeiten: Es verläuft in Schleifen: Plötzlich, mit 50 Jahren, ist man wieder Single. Frauen gründen schon im Alter von 20 oder erst mit 40 eine Familie. Männer werden mit 60 Jahren noch mal Vater oder mit 40 entweder Vater oder Großvater. Retro- und Kombi-Familien mit anderen Zeitressourcen-Ansprüchen entstehen. Das heißt: Die alten Kategorien, nach denen Personalarbeit sich richten konnte – Geschlecht, Alter, Generation, Familienstand und „Ausbildung" –, zerbrechen.

Das Diversity-Prinzip

Anders als in der industriellen Unternehmenskultur, wo es vor allem um Gleichheit und Vergleichbarkeit von Arbeitssituationen ging, wird die Arbeitswelt der Zukunft eine nie gekannte Vielfalt von Zugängen zur Erwerbsarbeit, von privat-beruflichen „Work-Life-Balances" mit sich bringen. Unternehmen müssen eine neue Diversitätskultur entwickeln, die die Unterschiedlichkeit der Zugänge zum Job nicht nur respektiert, sondern diese auch fördert, formt und moderiert.

- *Kulturelle Diversität:* Globale Sourcing-Prozesse können nur gelingen, wenn sie aus dem Unternehmen heraus intensiv geführt werden und wenn in den Schnittstellen ausreichend multikulturelle Kompetenz entsteht. Das bedeutet schlicht: Die Anzahl der ausländischen Mitarbeiter wird sich rapide erhöhen. Eine „Verangelsachsung" unserer Firmenkulturen steht bevor, und das hat keineswegs nur Konsequenzen für die Englischkenntnisse der Belegschaft. Es geht vielmehr um die neuen Kompetenzen des Brückenschlagens zwischen verschiedenen Kulturen, der Einübung einer „Global Culture", die dennoch ein klar erkennbares (Firmen)profil haben sollte.

- *Gender-Diversität:* Die traditionellen Männer- und Frauenrollen erodieren. Auch in Deutschland, der Schweiz und Österreich, wo die Erwerbsbeteiligung der Frauen vor allem in den oberen Etagen noch recht gering ist, läßt sich ohne den hochqualifizierten weiblichen Talentpool in Zukunft kein Geschäft mehr machen. „Feminisierte" Konsummärkte erfordern weibliche Kompetenzen nicht nur im Management, sondern auch in Forschung & Entwicklung (F&E), in der Innovationspolitik, im Marketing. Die Belegschaft wird sich also, auf allen Etagen und in allen Abteilungen, geschlechtlich diversifizieren. Dies wird unvermeidlich zu Konflikten, zu Abwehrkämpfen alter männlicher Seilschaften und zu „Gender Mobbing" in beiden Richtungen führen.

- *Alters-Diversität:* Gerade in den fluktuierenden Organisationen des Sourcing-Zeitalters spielt das Erfahrungswissen älterer Mitarbeiter eine (wieder) entscheidende Rolle. Die „Seniors" bilden gewissermaßen den roten Faden eines Unternehmens, das die Zukunft mit der Tradition verbindet. Während die alten Karriererleitern, die ja nur allzu oft auf Alter oder Betriebszugehörigkeit konstruiert waren, zersplittern, wird es in den „Mixed Teams" der Zukunft also auch große Altersunterschiede geben, die es produktiv zu machen gilt.

Für das Beispiel eines international orientierten Konzerns wie der Lufthansa läßt sich folgendes Szenario entwickeln (frei nach dem Diversity-Berater Michael Stuber):

Im Jahre 2012 sind zwei der vier Vorstandsposten von Frauen besetzt, eine davon ist Türkin. Von den beiden Männern ist einer US-Amerikaner, der andere körperbehindert. Die Führungsriege ist zu 43 Prozent mit Frauen zwischen 28 und 70 Jahren besetzt, ein Drittel der Belegschaft besteht aus Ausländern, unter den Führungskräften sind es 26 Prozent. 25 Prozent sind Moslems, 10 Prozent Buddhisten, weitere 15 Prozent gehören verschiedenen anderen Religionsgemeinschaften an.

Unternehmenskulturen sollten sich also hüten, ihre Menschenbilder in nur eine Richtung zu justieren, zum Beispiel in Richtung auf den „männlichen superflexiblen High Performer". Wenn sie ihre Kultur an die Zukunft adaptieren wollen, dann können sie dies am besten in einer scheinbar paradoxen Intervention: Der „Gnadenlosigkeit" der neuen Firmenrealität sollten sie eine Vielfalt an Angeboten entgegensetzen, in denen es um „Balance-Assistenz" und die Kontraktierung von Diversität geht. In letzter Konsequenz heißt das: Jedem Mitarbeiter sollte zu jedem Zeitpunkt seines Lebens ein individueller, maßgeschneiderter Vertrag angeboten werden können. Und der Vertrag muß jedes Jahr neu überprüft werden – von zwar von beiden Seiten. Mit diesem Vertrag sollte man auch auf einer Halbtagsstelle Karriere machen können.

Auch ein breit gefächertes Work-Life-Balance-Angebot zählt dazu. Das Spektrum reicht hier von Fitness-Assist-Programmen, über Streßmanagementmaßnahmen und Kriseninterventionsstellen bis hin zur Lebensberatung. Die meisten dieser Angebote kann man ebenfalls „sourcen". In dieser Dialektik von Work-Life-Balance-Angeboten und „neuer Härte" werden Unternehmen zunehmend zu „Coaches" ihrer Mitarbeiter. Auf diese Weise braucht es auch keine hektisch herbeigerufenen Motivationstrainer oder Seelenklempner mehr, die den großen Frust kompensieren sollen. Auch hochfliegende, in Stein gemeißelte „Firmenphilosophien", die beim nächsten Outsourcing-Prozeß nur noch als zynische Makulatur wahrgenommen werden, erübrigen sich.

	Agrarische Gesellschaft	Industrielle Gesellschaft	Wissens- Gesellschaft
Sinn der Arbeit	Überleben	Mehr Status und Wohlstand	Sinnverwirklichung, Teil eines biographischen Planes
Ich-Ideal	Respekt durch die Herrschenden	Materieller Erfolg	Autonomie und Selbst-Kompetenz
Machtausübung	Durch Geburt	demokratisiert und teilweise geteilt	in Kooperationen
Umgang mit Konflikten	unterdrücken	managen	daraus lernen
Soziale Identität	Dorf und Ort	Schicht und Klasse	Ich und mein Netzwerk

Von der Konkurrenz zur „Coopetition"

Business ist Krieg. Auf diese schlichte Formel könnte man, mit nur wenig Übertreibung, die Business-Erfahrungen der vergangenen Jahre bringen. Ein neuer Markt, der IT- und Kommunikationsmarkt, wurde erobert, nun liegen die Leichen links und rechts des Weges. Investoren und viele Aktienkäufer zahlten die Rechnung, die wenigen Kriegsgewinnler zogen sich in ihre Villen in den Bergen zurück. Nun beginnen die Mühen der Ebene, das Eisenfressen in notleidenden Märkten und vakanten Strategien.

Es wird eine Menge Zeit und Energie benötigen, diesen negativen Zeitgeist, der so etwas wie die „gefühlte Temperatur" der meisten heutigen Unternehmenskulturen ist, zu überwinden. Bei diesem Prozeß gibt es keinen Weg zurück hinter die Barrieren der alten Gewißheiten. Einer der größten Irrtümer der New Economy war die „Economy of Scale" – die Vorstellung, daß der reine Marktanteil den Erfolg eines Unternehmens garantiere. In Namen dieser Illusion wurden aus blühenden Märkten Wüsten. Man denke nur an den Telekommunikationsmarkt, der durch globale Preiskämpfe zugrunde gerichtet wurde und um ein Haar die gesamte Weltwirtschaft destabilisierte. Ist es wirklich intelligent, daß gleich starke Unternehmen mit gleichen Produkten und nahezu identischen Marketingmethoden aufeinander zu marschieren ähnlich wie die französischen Grenadiere des 17. Jahrhunderts („Anlegen! Feuern! Nachrücken!")?

Bei zunehmender Innovationsgeschwindigkeit und ständig verdichteten Märkten entsteht ein evolutionärer Druck, der dem in einem üppigen Regenwald ähnelt. In dieser Situation sind Nischenstrategien ungleich sinnvoller: Jedes Unternehmen konzentriert sich auf das, was es wirklich besser und anders kann als andere. Aus dieser Position sucht es die Kooperation mit anderen Unternehmen. So entstehen Win-Win-Prozesse, die zwar die eigenen Stärken stärken, aber die des „Coopetitors" nicht schwächen. Der Erfinder des „Reengeneering", Michael Hammer, nennt die Konsequenz dieses Prozesses virtuelle Integration: Zwei Yoghurtproduzenten, so seine Analogie, schicken ihre Yoghurts mit zwei eigenen Lastwagenunternehmen in die Läden. Dies wird immer teurer und ruinöser, bis sie sich schließlich zusammentun und eine gemeinsame Logistikfirma gründen. Schließlich, so zitiert Hammer das Management, „konkurrieren wir ja nicht um Lastwagen oder gefahrene Kilometer, sondern um den Geschmack des Yoghurts, seine Frische, die Marke".

Nichts anderes ist Sourcing, nämlich die Auflösung der alten Idee pyramidaler Organisationen. Schließlich kommt es nicht mehr auf Größe oder Kleinheit an, sondern auf die innere Konsistenz. Das Beispiel Lufthansa zeigt, daß große Unternehmen sehr wohl netzwerkhaft organisiert sein können. Daß man statt Mergern besser weltweite Allianzen eingehen und so selbst ein großes Unternehmen „atmen" lassen kann. Ähnliche Beispiele finden sich bei mittelständischen Technologiekooperationen oder im Tourismus, wo allein ein höherer Kooperationsgrad das Überleben vieler Hotels und Ferienzentrum garantieren kann. Grundsätzlich gilt: Wo viele gleiche Marktanbieter auf gleicher Ebene gegeneinander antreten, entstehen reihenweise Konkurse. Wo Ungleiche intelligent kooperieren, entstehen Win-Win-Situationen. Damit bekommt der Begriff von „Competition" (von lateinisch „com" – „zusammen" und „petere" – „anstreben") seinen eigentlichen Sinn.

In der allerletzten Konsequenz führt die Idee des Sourcing also zur Überwindung der alten, der „territorialen" Unternehmensformen. Über längere Sicht entsteht dabei eine amöbenhafte, morphende globale Wirtschaft, in der mannigfaltige Kooperationen auf vielfältigen Ebene stattfinden. In dieser Netzwerkwirtschaft haben alle, ob Top-Manager oder Hausmeister, keine lebenslange Job-Garantie mehr. Aber die Wahrscheinlichkeit, daß wir in den unendlichen Nischen der Netzwerke auch in Zukunft eine Aufgabe bekommen, ist, zumal wenn wir Scheitern und Lernen lernen, sehr hoch. Aus Unsicherheiten entstehen so neue Sicherheiten entlang des individuellen Berufs-Portfolios.

„Sourcing", als unternehmerisches Prinzip durchgesetzt, bedeutet eine „Kultur der Intrapreneurship. Die Forderung, daß alle Selbständige werden sollen, wird hier endgültig und radikal durchgesetzt. Losgröße Eins ist der Mensch, der Einzelunternehmer im Netzwerkunternehmen, das den ganzen Globus überspannt – der tribale Jäger nach dem Erfolg, der gemeinsam mit seinen Netzwerkbrüdern und -schwestern gemeinsam auf die Jagd geht, um die Beute nach gelungener Tat zu verteilen.

Der Begriff „Offshore" im Rahmen von Sourcing-Projekten

Frank Mang

Modeerscheinung oder Chancen für Unternehmen?

Es gibt im Kontext von Sourcing vermutlich kein heißeres Thema als Offshore. Wird dieses Schlagwort auf der einen Seite als Allheilmittel für alle Probleme gepriesen, ist der Widerstand auf der anderen Seite vehement. Problematisch wird die Diskussion insbesondere dann, wenn man sich auf den Austausch von Vorwürfen und Annahmen beschränkt, ohne auf die Details einzugehen. Tatsächlich kann Offshore-Sourcing zwar Probleme lösen, aber auch existierende Probleme verstärken und sogar neue Probleme hervorrufen.

Auslagerungen in der Fertigungsindustrie seit Jahren erfolgreich praktiziert

Mit der Entwicklung der arbeitsteiligen Organisationen im 20. Jahrhundert im produzierenden Gewerbe, wie etwa der Automobilindustrie, hat auch die Suche nach kostengünstigeren Verfahren sowie Zulieferanten begonnen. Insbesondere für personalintensive Tätigkeiten bildeten sich schnell Spezialunternehmen heraus, die einfache Tätigkeiten in Niedriglohngebiete verlagerten. So gaben die Automobilhersteller beispielsweise die Herstellung von Kabelbäumen, die sie zunächst selbst herstellten, in den siebziger Jahren an Zulieferanten ab, die diese Tätigkeit in strukturschwachen Gebieten der Bundesrepublik durchführen ließen. In der nächsten Phase wurden diese Tätigkeiten innerhalb der EU an günstigere Standorte wie beispielsweise Portugal und danach in angrenzende oder fernere Länder des Ostens ausgelagert. Der Kostendruck in dieser Industrie führte zu einer reduzierten Wertschöpfungstiefe, die eine klare Prozeßorganisation und eine präzise definierte Abgrenzung der Aufgaben aller am Produktionsprozeß Beteiligten notwendig werden ließ. Die Einführung von Standards – insbesondere auch im Bereich des Informationsaustauschs (z.B. EDI – Electronic Data Interchange) – ermöglichte es, daß weltweit operierende Unternehmen als Zulieferer für Produktionsunternehmen in der ganzen Welt dienen können.

Trend zur Auslagerung in der Dienstleistungsbranche

Was in der Fertigungsindustrie seit langem üblich ist, wird nun auch im Bereich der Dienstleistungen ein Thema. Hochgradig personalintensive Tätigkeiten wurden in der Vergangenheit häufig nicht aus den Händen gegeben. Oft wurden in diesen Aufgaben sogar Kernkompetenzen des Unternehmens gesehen, wie dies etwa bei der IT-Entwicklung in Banken der Fall ist. Mit dieser Auffassung wurden lange Jahre Überlegungen zur Rationalisierung und Effizienzverbesserung mit niedrigerer Priorität behandelt. Überlegungen zum Outsourcing wurden völlig abgelehnt.

In den vergangenen Jahren hat sich dies geändert. Interne administrative Leistungen wie die Buchhaltung, der Betrieb der Kantine und des Fuhrparks oder die Personaladministration wurden zunehmend Ziel von Kostensenkungsmaßnahmen. Diese intern erbrachten Leistungen werden mehr und mehr mit den Angeboten externer Dienstleister verglichen. Entscheidungen über das Sourcing sind auf die Agenda der Führungskräfte gerückt. Nur noch wenige Unternehmen erledigen z.B. die Gehaltsabrechnung selbst, auch das Fuhrparkmanagement wird in der Regel nach außen vergeben. Es ist in diesem Fall nun Aufgabe der externen Dienstleister, die Leistungen kostengünstig zu erbringen. Was passiert aber, wenn eine externe Vergabe nicht erfolgen soll oder kann, weil es noch keinen externen Markt gibt? Welche Möglichkeiten sind dann im Sourcing nutzbar?

Vier alternative Sourcing-Modelle

Im Kontext von Sourcing-Entscheidungen werden in bezug auf den Ort, an dem die Leistung erbracht wird, mehrere Begriffe verwendet. Neben Offshore gibt es auch die Begriffe Nearshore und Onshore. Da dies nicht nur Schlagworte sind, sondern wichtige Komponenten einer Sourcing-Strategie, werden diese Begriffe und die dahinter stehenden Überlegungen im folgenden näher beleuchtet.

Jeder administrative Prozeß (administrativ wird hier in Abgrenzung zu produzierenden bzw. vertrieblichen Prozessen gebraucht) kann üblicherweise in Teilprozesse zerlegt werden. Die Anforderungen an das Qualifikationsprofil der Mitarbeiter, die diese Tätigkeiten ausführen, können hierbei sehr unterschiedlich sein. So ist im Bereich der Einkaufsprozesse für den strategischen Teil des Einkaufs (Auswahl der Lieferanten und deren Bewertung) neben einer detaillierten Kenntnis des Unternehmens und dessen Anforderungen auch eine genaue Marktkenntnis notwendig. Der Automatisierungsgrad ist folglich gering. Anders sieht dies bei der Ausfertigung der Bestellunterlagen sowie der Verrechnung der einzelnen Bestellungen aus. Dies ist ein standardisierbarer und automatisierbarer Prozeß, der ohne Marktkenntnis durchgeführt werden kann. Je nach Komplexitätsgrad und Anforderungen an die Einbindung in andere Prozesse innerhalb des Unternehmens kommen für das Auslagern von Einzelaufgaben mehrere Optionen in Frage. Dem Ort der Leistungserbringung kommt auf Grund der unterschiedlichen Mitarbeiterqualifikationen und auch Lohnniveaus große Bedeutung zu. Bei den möglichen Optionen ist zu beachten, daß diese noch keine definitive Entscheidung über ein Outsourcing bedeuten.

1. Vor Ort

Die übliche Art der Leistungserbringung war in der Vergangenheit (und wird dies auch in Zukunft bleiben) die Erbringung „vor Ort", also als Teil des Unternehmens an einem Standort. Im Rahmen von Überlegungen zur Kostensenkung und zur Prozeßoptimierung werden oft einzelne Bereiche eines Unternehmens in Tochterunternehmen ausgelagert. Durch eine solche Neuaufteilung entstehen erste Kostenvorteile, z.B. durch die Nutzung anderer Tarifverträge.

2. Onshore

Nachdem der erste Schritt erfolgt ist, wird oft rasch darüber nachgedacht, ob der Standort des Unternehmens wirklich der ideale Standort für das jetzt ausgelagerte Tochterunternehmen ist. Dieser orientiert sich meist an den historischen Gegebenheiten, ist aber nicht immer optimal. So sind hier beispielsweise nicht die richtigen Mitarbeiter für die ausgelagerte Aufgabe zu bekommen oder andere Standorte bieten sich auf Grund von finanziellen Lohnunterschieden in den einzelnen Regionen in Deutschland, Standortförderung) und anderen Überlegungen an (beispielsweise Dialekt der Mitarbeiter bei Call Centern). Wenn hierbei noch an innerdeutsche Standorte gedacht wird, bezeichnet dies der Begriff Onshore. Für diese Art der Verlagerung innerhalb von Deutschland gibt es viele Beispiele. Die aktive Förderung der Ansiedlung von Unternehmen im Dienstleistungsbereich in strukturschwachen Gebieten in Deutschland hat beispielsweise zu einem Markt für Call Center in Wilhelmshaven geführt.

Bei dieser Alternative können – bei entsprechender Arbeitsorganisation und klarer Definition der Schnittstellen zwischen den Prozessen – die Vorteile des Standorts (Qualifikation der Mitarbeiter, Kosten) genutzt werden, ohne große Nachteile in Kauf nehmen zu müssen. Die Kommunikation zwischen dem Unternehmen und dem Dienstleister (bzw. zwischen zwei Abteilungen, wenn diese Möglichkeit firmenintern genutzt wird) ist durch elektronische Medien (E-Mail, Telefon) immer noch zeitnah möglich, es gibt keine Verständigungsprobleme durch unterschiedliche Sprachen oder Zeitunterschiede.

3. Nearshore

Falls die im Fall einer Onshore-Verlagerung erzielbaren Kostensenkungen nicht ausreichen, muß an eine Verlagerung in das nahegelegene Ausland gedacht werden. Hier müssen allerdings neben den Vorteilen von flexibleren und niedrigeren Löhnen auch einige Nachteile in Kauf genommen werden. Je nach Art der ausgelagerten Dienstleistung ist für eine effiziente Erbringung eine gewisse „Nähe" zum Kunden notwendig. So ist für Call Center die Sprache von entscheidender Bedeutung. Bei Buchhaltungsaufgaben ist ein Verständnis der deutschen Richtlinien und der vom Gesetzgeber vorgegebenen Anforderungen notwendig. Bei der Verlagerung Nearshore werden daher „angrenzende" Länder betrachtet, für Deutschland bedeutet dies ein Land der europäischen Gemeinschaft bzw. der Beitrittskandidaten. Hier können von den Dienstleistern (bzw. bei Selbstaufbau einer solchen Einheit am Arbeitsmarkt) Mitarbeiter mit entsprechenden Qualifikationen eingestellt werden. Auch die (zeitweise) Abordnung von eigenen Mitarbeitern während der Übergangszeit ist möglich.

Der Zeitunterschied zwischen Deutschland und dem jeweiligen Land spielt noch keine Rolle und die notwendigen Sprachkenntnisse sind in ausreichendem Maße verfügbar. Typische Beispiele für Nearshore-Lokationen sind dabei Irland (insbesondere für Call Center) oder die Tschechische Republik. Bei allen Lohnkostenvorteilen insbesondere in den neuen Beitrittsländern zur EU ist allerdings zu bedenken, daß sich die Lohnkosten in den kommenden Jahren vermutlich deutlich den der restlichen EU-Länder annähern werden.

4. Offshore

Wird die Dienstleistung in „ferne Länder" jenseits des eigenen Sprachbereichs (und der eigenen Zeitzone) vergeben, dann sprechen wir von Offshore. Länder wie Indien, die Philippinen und China sind hier in aller Munde. Dieser Schritt wird dann gemacht, wenn von den erheblichen Lohnunterschieden profitiert werden soll und die Dienstleistung hochgradig standardisiert ist. Unternehmen, die diesen Schritt gehen, haben meist in der Vergangenheit bereits Erfahrungen mit Nearshore-Lokationen gemacht und kennen die für ein verteiltes Arbeiten über Ländergrenzen hinweg notwendigen Prozesse.

Bei einer Verlagerung in eine Offshore-Lokation können die Lohnkosten üblicherweise noch mal deutlich gesenkt werden. Als Zusatzkosten sind oft höhere Telekommunikationskosten sowie eine erheblich aufwendigere Abstimmung einzuplanen. So erfolgt die Kommunikation und die Arbeitsergebnisse meist in Englisch. Auch der Zeitunterschied zwischen Deutschland und dem Land der Leistungserbringung spielt bei der Klärung von Fragen eine wichtige Rolle. Zudem sollten die Prozesse noch standardisierter sein, da ein kurzfristiges Eingreifen in der Regel nicht möglich ist.

Die Frage der Sprache spielt naturgemäß in vielen Bereichen eine wichtige Rolle. Sollen beispielsweise Call Center-Dienstleistungen angeboten werden, so ist es den Kunden in den meisten Fällen nicht zuzumuten, in einer für sie fremden Sprache zu kommunizieren. Dies ermöglicht vielen US-Unternehmen eine problemlose Verlagerung nach Indien, während dies für deutschsprachige Unternehmen und Kunden nicht in Frage kommt. Bei IT-Dienstleistungen sollte dies einfacher sein, allerdings ist auch hier mit erheblichen Zusatzaufwendungen zu rechnen, wenn beispielsweise Dokumentationen von weiterzuentwickelnden Anwendungen nur in deutscher Sprache vorliegen.

Auch die politischen und rechtlichen Rahmenbedingungen sind in diesem Fall deutlich anders als in Deutschland oder im europäischen Ausland. Sind die Lohnkosten heute noch attraktiv, so muß auch hier in der Zukunft mit deutlichen Steigerungen gerechnet werden. In Indien ist die Entwicklung der Kosten und die Verfügbarkeit passender Mitarbeiter beispielsweise bereits angespannt, wobei hier auch langfristig noch Vorteile gegenüber Deutschland zu erwarten sind.

Auch die politische Lage in einigen der Offshore-Länder ist unsicher, was z.B. die regelmäßig wiederkehrenden Spannungen zwischen

Indien und Pakistan zeigen. Diese Punkte sind zwar keine K.O.-Kriterien für eine Verlagerung, sollten aber im Sinne der Anforderungen an das Management der operationalen Risiken bedacht werden. Das wird normalerweise dazu führen, daß die Kostenvorteile deutlich geringer sind als auf dem Papier oder als sie sich auf Grund von oft zitierten Vergleichen zwischen den Kosten einer Arbeitsstunde in Deutschland und Indien darstellen.

Fazit

Es läßt sich feststellen, daß sich bei den unterschiedlichen Optionen ausschließlich an den Kosten orientiert wird. Mit zunehmender Entfernung von Deutschland nehmen die Qualitätsmaßstäbe ab und die Probleme zu. Daß dies nicht immer so sein muß, zeigen hingegen die Erfolge der indischen Softwareindustrie. Durch die strengen Qualitätsmaßstäbe und die konsequente Ausrichtung an internationalen Standards wie beispielsweise dem Capability Maturity Model gelingt es, höchste Qualitätsanforderungen zu erfüllen.

Im Kontext von Entscheidungen über eine Standortverlagerung sind die Lohnkosten nur einer der zu betrachtenden Aspekte. Obwohl hier offensichtlich die größten Unterschiede vorliegen, sollten auch die anderen Entscheidungskriterien wie Kundennähe, Sprache und Risiko intensiv geprüft und bewertet werden, bevor eine Entscheidung getroffen werden kann.

Alle vier beschriebenen Optionen stehen grundsätzlich für die Verlagerung im Unternehmen selbst und auch für die Verlagerung durch Outsourcing zur Verfügung. Outsourcing ist selbst im ersten Fall möglich, Beispiele aus der Automobilindustrie zeigen dies. Hier werden in den Werkshallen der Firmen von Zulieferanten mit eigenen Mitarbeiten Teile montiert.

Onshore-Auslagerung bietet sich auch bei firmeninternen Lösungen an, die aufgrund von Zukäufen beispielsweise Standorte mit günstigeren Rahmenbedingungen zur Verfügung haben. Dies gilt auch für die Nearshore-Option. Obwohl die Offshore-Optionen auch firmenintern genutzt werden kann, was Beispiele wie SAP mit Teilen der Softwareentwicklung zeigen, ist dieser Ansatz für die meisten Firmen wegen fehlender Kenntnisse der (Arbeits-)Märkte sowie fehlender Verbindung zur dortigen öffentlichen Verwaltung sehr kompliziert und kaum zu empfehlen. Zu beobachten ist, daß die Entscheidung für eine Auslagerung oft entscheidender ist als die Frage, wohin ausgelagert werden soll. Viele der Vorbedingungen für eine Verlagerung sind unabhängig vom Ort. So ist eine klare Aufgabenverteilung innerhalb der Prozeßkette eines Unternehmens zu klären. Je besser dies gelingt, desto geringer ist der Kommunikationsbedarf und desto „weiter weg" können die Tätigkeiten verlagert werden. Ist dies geschafft, können auch weitergehende Entscheidungen (beispielsweise Start mit Auslagerung Onshore mit späterer Verlagerung Nearshore) einfacher getroffen werden.

Der deutsche Markt für IT-Outsourcing

Christophe Châlons

Historie des Outsourcing

Im weltweiten Vergleich hat sich der deutsche Outsourcing-Markt erst relativ spät entwickelt. In den USA begann die Entwicklung dieses Marktes – damals Facilities Management genannt – schon in den sechziger Jahren im Zusammenhang mit Großprojekten im Verteidigungs- und Raumfahrtbereich. EDS und CSC waren hier unter den Pionieren, neben Tochtergesellschaften von Firmen wie Boeing, TRW oder Martin Marietta. Der große Boom begann jedoch erst Mitte der achtziger Jahre, nach der Akquisition von EDS durch GM. Dies hatte zur Folge, daß die gesamte Datenverarbeitung von GM zu EDS ausgegliedert wurde.

In Großbritannien war der Outsourcing-Markt zwischen 1987 und 1988 eine Triebfeder des Wachstums, zuerst durch Hoskyns (später akquiriert durch Cap Gemini), dann in noch größerem Ausmaß durch die Sema Group (heute SchlumbergerSema) und Andersen Consulting (heute Accenture). Seitdem wurde die Entwicklung der nationalen/lokalen IT-Services-Märkte – und hier im speziellen der Outsourcing-Märkte – sowohl in den USA als auch Großbritannien durch eine sehr liberale soziale Gesetzgebung stark vorangetrieben.

Obwohl es in Frankreich zu Beginn der neunziger Jahre so aussah, als ob der Markt mit Firmen wie Telesystèmes (später akquiriert durch die Sema Group), CISI (Athesa/CS), GSI (ADP), GFI (EDS) und EDS stark im Wachstum begriffen sei, blieb der erwartete Durchbruch aus: Zwar bietet Frankreich einen sehr reifen Markt für das Projektgeschäft, doch die französischen Anwenderunternehmen stehen dem Outsourcing noch eher skeptisch gegenüber. Dies hängt einerseits mit der sozialen Gesetzgebung zusammen – unter anderem auch der Haltung der Gewerkschaften –, ist aber andererseits auch auf die vorsichtige

Zurückhaltung diverser national führender Serviceanbieter, wie Cap Gemini Ernst & Young, zurückzuführen.

In Deutschland fristete der Outsourcing-Markt bis 1992/93 ein Nischendasein: Außer EDS und später debis Systemhaus, die beide als Outsourcing-Unternehmen gegründet wurden und damals noch 75 Prozent ihres Outsourcing-Umsatzes durch ihre Muttergesellschaften realisierten, gab es auf dem Markt nur wenige mittelständische Anbieter. Diese Unternehmen, zum Beispiel Alldata, TDS oder Orga, waren zudem mehr als traditionelle Processing-Serviceanbieter denn als Outsourcer auf dem Markt positioniert.

Die Wende kam 1993, als neben EDS und debis Systemhaus ein dritter Anbieter den Markt betrat: IBM mit der Gründung von „IBM Deutschland Systeme und Netze". Seit diesem Zeitpunkt gilt Outsourcing als der Wachstumsmotor des deutschen Software- und IT-Services-Marktes.

Trends im deutschen Outsourcing-Markt

Zahlreiche Faktoren beeinflussen den Outsourcing-Markt:

- Der Trend zur Integration – zunächst auf Infrastruktur-, dann auf Anwendungsebene, ebenso wie zwischen IT und Telekommunikation.

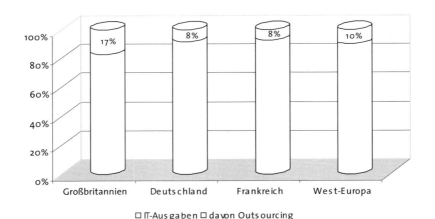

Abbildung 1: Anteil des nicht-kaptiven Outsourcing an den gesamten IT-Ausgaben im europäischen Vergleich (2002) (Quelle: PAC 2003)

- Die Globalisierung – sowohl auf Anwender- als auch auf Anbieter-Seite, unterstützt durch die Standardisierung der Technologie.
- Die wachsende Bedeutung der IT – mehr und mehr Prozesse werden unterstützt.
- Die zunehmende Komplexität – der Wandel auf Seiten der Technologie aber auch der Wirtschaft beschleunigt sich.
- Die steigenden Ansprüche an die Effizienz und der allgemeine Kostendruck – dies erfordert ein straffes IT-Controlling.

Heute macht der Outsourcing-Markt rund 30 Prozent der gesamten deutschen Software- und IT-Services (SITS) Ausgaben aus, wenn man sowohl kaptive (Umsätze, die innerhalb eines Konzerns generiert werden, wie z.B. Siemens Business Services/Siemens, T-Systems/Deutsche Telekom) als auch nicht-kaptive Umsätze (Umsätze, die außerhalb des Konzerns, d.h. auf dem „freien Markt" generiert werden) einbezieht.

2001 war mit einem Wachstum von 17,6 Prozent im nicht-kaptiven Bereich ein sehr gutes Jahr für den Outsourcing-Bereich. Große Deals (Deutsche Post, Hochtief, SKF, Tenovis, Deutsche Leasing, etc.) wurden unterzeichnet; einige wurden allerdings rückabgewickelt (Parion, Metallgesellschaft, etc.).

Natürlich beeinflußte der Transfer eines Gesamtvolumens von ca. 400 Millionen Euro vom kaptiven in den nicht-kaptiven Markt durch Akquisitionen von IT-Töchtern im Jahr 2000 diese Wachstumszahlen (debis Systemhaus/T-Systems, Origin/Atos Origin und HiServ/TKIS/Triaton).

2002 dagegen blieb das Wachstum im deutschen Outsourcing-Markt mit „nur" 9,4 Prozent im nicht-kaptiven Geschäft hinter den Erwartungen zurück. Im Vergleich zum Software-Lizenz-, Projekt- oder Hardware-Geschäft, das in vielen Bereichen einen – teilweise zweistelligen – Rückgang hinnehmen mußte, lag das Wachstum des Outsourcing-Marktes dennoch weit über dem Durchschnitt. Damit wächst der Outsourcing-Markt in Deutschland deutlich schneller als in Großbritannien oder in den USA – Länder, die als Vorreiter gelten.

Outsourcing gilt als antizyklisch, d.h. gerade in Zeiten schwacher Konjunktur boomt der Markt für ausgelagerte Dienstleistungen. Kostenersparnis, Effizienzsteigerung und die Konzentration auf Kernkompetenzen (vor allem die Konzentration der Investitionsmittel) sprechen angesichts der momentanen Rahmenbedingungen klar für Outsourcing-Services.

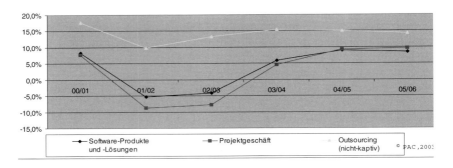

Abbildung 2: Entwicklung des deutschen Marktes für Software und IT-Dienstleistungen (Quelle: PAC 2003)

2002 kann als Übergangsjahr gesehen werden: Im ersten E-Business Zeitalter kämpften die meisten Unternehmen mit schnell wachsenden IT-Anforderungen und daher auch rasch zunehmenden IT-Kosten. Seit Ende 2001 ist „Sparen" die Hauptpriorität, was traditionelle Formen des Outsourcing (Rechenzentrums- bzw. Komplettoutsourcing, d.h. Outsourcing der zentralen Unternehmens-IT Infrastruktur, Application Management inkl. des zugehörigen Personals) wieder beflügelt.

In der Konsequenz wurden bestehende Verhandlungen gestoppt und neue gestartet, welche durchschnittlich wiederum zwischen 9 und 15 Monaten dauern. Darüber hinaus führten die allgemeine Unsicherheit und der Vertrauensverlust in die Wirtschaftsentwicklung zu einer gewissen Abschlußträgheit.

Die zahlreich erwarteten großen Deals wie Deutsche Bank, Bundeswehr oder LKW-Maut kamen verspätet oder gar nicht zum Abschluß. Im Falle der Bundeswehr laufen die Verhandlungen noch immer, und voraussichtlich wird dieses Geschäft frühestens 2004 zum Abschluß kommen. Letztendlich generierte keine dieser Vereinbarungen 2002 nennenswerte Umsätze.

Dagegen werden sich zahlreiche neue Deals in 2003 positiv auf das Marktwachstum auswirken. Dazu zählen „Mega-Deals" wie Deutsche Bank, Toll Collect, Rheinmetall, Motorola, ABB, Basell, Bombardier, AXA oder EADS.

Daß der Markt in diesem Jahr trotzdem „nur" um 12 Prozent wachsen wird, liegt an der negativen Entwicklung bestehender Verträge: Zahlreiche in Outsourcing-Verträge eingebettete Software-Projekte (Anwendungsentwicklung bzw. -pflege, Implementierung von Standard-Software) wurden zurückgefahren. Außerdem führten massive Preissenkungen und teilweise abnehmende Anwenderzahlen zu einem deutlichen Rückgang der Umsatzvolumina.

Auch der Rückgang des Projektgeschäftes beeinflußt das Outsourcing maßgeblich. Projekte, die gewöhnlich in einen Outsourcing-Deal münden (z.B. SAP-Implementierung im Mittelstand) beziehungsweise von Outsourcing begleitet werden, wurden verschoben.

Darüber hinaus werden Outsourcing-Services häufig von Unternehmen in Anspruch genommen, die sich in einer schwierigen finanziellen Lage befinden. Muß ein solches Unternehmen Konkurs anmelden, wirkt sich dies unmittelbar auf den Outsourcing-Markt aus (siehe Worldcom in den USA oder Babcock in Deutschland).

Für die kommenden Jahre können weiterhin zweistellige Wachstumsraten erwartet werden. Kurzfristig wird der Markt von der derzeitigen Konsolidierungswelle profitieren. Sobald die Konjunktur sich erholt, werden die Anforderungen an die IT wieder steigen In diesem Umfeld helfen selektive Formen des Outsourcing den Anwenderunternehmen, die Effizienz, die Qualität und die Flexibilität der IT bzw. der Prozesse zu steigern. Zu diesen selektiven Formen zählen z.B. Desktop-, Anwendungs- und vor allem Business Process Outsourcing (BPO). BPO gilt zwar bisher als Nischenmarkt in Deutschland, die Wachstumsaussichten dagegen sind hervorragend.

Stellenwert des Outsourcing in verschiedenen Branchen

Outsourcing hat in den Branchen eine unterschiedlich große Bedeutung. So ist die verarbeitende Industrie in Bezug auf Outsourcing die reifste und größte Branche in Deutschland. Kostendruck und Internationalisierung führten schon früh zu „make-or-buy"-Entscheidungen. Heute weist sie die mit Abstand größte Durchdringung mit Komplett-Outsourcing-Deals auf. Da Industrieunternehmen zu den Vorreitern bezüglich einer Verringerung der Fertigungstiefe, und damit hinsichtlich Outsourcing, gehören, sind sie oftmals offener für neue, höherwertige Dienstleistungen wie beispielsweise Application Management oder die Auslagerung ganzer Geschäftsprozesse (Business Process Outsourcing) als andere Branchen.

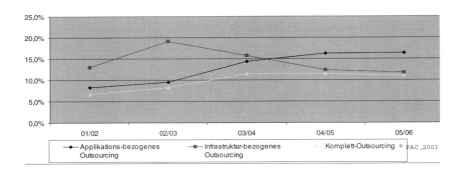

Abbildung 3: Entwicklung des deutschen (nicht-kaptiven) Outsourcing-Marktes nach Art des Outsourcing (Quelle: PAC 2003)

Nachdem das Großkundensegment bereits relativ weit fortgeschritten ist, öffnet sich zunehmend auch der Mittelstand gegenüber Outsourcing-Dienstleistungen. Trotzdem hemmen mangelnde Transparenz der IT-Kosten und zu wenig komplexe IT-Infrastrukturen oft die Entscheidung zur Externalisierung. Hier bleibt abzuwarten, wie die gegenwärtigen Mittelstandsinitiativen vieler Dienstleister auf Kundenseite greifen werden.

Hohes Potential bietet gegenwärtig die Finanzbranche, die in der Vergangenheit sehr zurückhaltend gegenüber Outsourcing war. In den USA und Großbritannien greifen Banken schon lange auf Outsourcing zurück. Aber auch in Deutschland gibt es heute kaum eine Großbank, die – unter anderem stimuliert durch den Deutsche-Bank-Deal – nicht ihre Geschäftsprozesse überprüft und zumindest ein selektives Outsourcing in Erwägung zieht.

In der Versicherungsbranche ist Outsourcing ebenfalls ein sehr junger Markt. Doch auch diese Branche nimmt den Weg des Bankensektors, allerdings langsamer. Der Kostendruck ist enorm, wenn auch etwas geringer als in der Bankenbranche. 2001 erlitt der Markt jedoch einen Rückschlag. Einer der größten europäischen Outsourcing-Deals wurde annulliert: Parion.

Ein weiterer Schritt vorwärts ist dagegen sicherlich der AXA-Deal mit IBM 2003, der beträchtliche Umsätze auch in Deutschland mit sich bringt.

Die zögerliche Entwicklung von Outsourcing in der deutschen Finanzwirtschaft wird oft auf den nicht möglichen Umsatzsteuerabzug zurückgeführt. Hier wird allerdings meistens vergessen, daß dieser ohnehin für die Hardware und bereits in Anspruch genommenen Dienstleistungen gilt.

In Bezug auf Outsourcing befindet sich die öffentliche Hand in Deutschland im Vergleich mit Großbritannien oder den USA noch im Anfangsstadium. Zwar ist der Kostendruck hier wesentlich geringer als in anderen Branchen, aber angesichts leerer Staatskassen und getrieben durch die Forderung nach mehr Effizienz öffentlicher Behörden ist auch hier ein Prozeß des Umdenkens im Gange. Kostenreduktion und verbesserter Kundenservice zwingen zu Outsourcing-Überlegungen. Oftmals ist Outsourcing auch eine Reaktion auf neue Anforderungen, die neue Systeme erfordern. Hier ist die Auslagerung von Entwicklung und Betrieb in einem (auch „Betreibermodell" genannt) eine adäquate Lösung bzw. ein interessantes Finanzierungsmodell.

Generell ist der öffentliche Sektor aber ein schwieriges Umfeld für Dienstleister – zahlreiche Verträge wurden bereits rückabgewickelt (z.B. Ludwigshafen/IBM, Leipzig/IBM, Saarland/T-Systems). Die größte Herausforderung für Outsourcing-Anbieter in diesem Sektor sind wohl festgefahrene Strukturen, lange Entscheidungswege und spezifische rechtliche Regelungen. So war z.B. das Auslagern des Rechenzentrums in der Vergangenheit in einigen Bundesländern verboten. Auch die Integration von Staatsbediensteten oder Beamten in die Privatwirtschaft kann Probleme mit sich bringen, ist allerdings weniger problematisch als oft kommuniziert wird. In der Regel ist die Mehrzahl der IT-Mitarbeiter nicht verbeamtet.

In der Vergangenheit geprägt durch nicht-strategische Bereiche wie Online-Services, Web Hosting (Bürger-Portale), Anwendungen wie SAP sowie kleinere Infrastruktur-Outsourcing-Deals (primär Desktop-Outsourcing), finden sich im öffentlichen Sektor zunehmend Complete-, Anwendungs- und Business Process Outsourcing. Und zwar nicht mehr nur in Kommunen und Ländern, sondern auch auf Staatsebene.

Vorausgesetzt, der Bundeswehr-Deal kommt zustande, wird er sicherlich einen Kick-off-Effekt im öffentlichen Sektor darstellen.

Verglichen mit anderen Branchen ist der Telekommunikationssektor relativ offen gegenüber Outsourcing. Der deutsche Telco-Markt ist allerdings geprägt durch einen hohen Grad an kaptivem Geschäft (Deutsche Telekom/T-Systems, Vodafone/Vodafone Information Systems), was deutliche Auswirkungen auf den gesamten Outsourcing-Markt hat.

In den „Wachstumsjahren" des Telco-Marktes griffen zahlreiche Anbieter (Mobilnetzbetreiber, Service-Provider und Internet Service Provider (ISPs) auf Outsourcing zurück. Die Ausgliederung ging bis hin zu BPO für Bereiche wie Call Center oder Billing. Insbesondere die „New telcos" hatten weder die Zeit noch die Investitionsmittel, um eigene IT-Ressourcen aufzubauen; für sie war das „New Business"-Outsourcing die Lösung.

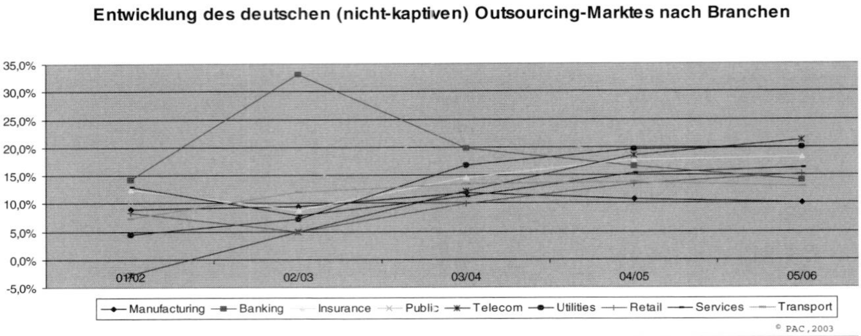

Abbildung 4: Entwicklung des deutschen (nicht-kaptiven) Outsourcing-Marktes nach Branchen (Quelle: PAC 2003)

Heute sind viele Telekommunikationsanbieter in Schwierigkeiten oder insolvent. Eine Besonderheit in diesem Segment ist sicherlich, daß potentielle Kunden oftmals selbst als Outsourcer bzw. Subcontractor am Markt agieren, man denke z.B. an Web Hosting oder Netzwerk-Outsourcing.

Trotz einer neuen Wettbewerbssituation durch Deregulierung blieb der Energieversorgungssektor hinter den Erwartungen zurück. Der Kostendruck ist bislang wesentlich geringer als in anderen Branchen. Die IT-Infrastruktur ist oft über Jahrzehnte gewachsen und ein „ökonomisches Denken" ist wenig ausgeprägt, so daß bisher nur geringe Nachfrage nach Outsourcing-Dienstleistungen bestand. Außerdem ist der Markt geprägt durch Gemeinschaftsrechenzentren, vor allem im Stadtwerke-Umfeld. Langfristig könnte die Übernahme kaptiver IT-Töchter auch hier ein Wachstum generieren. Die zunehmende Innovationsbereitschaft der großen Energieversorger gegenüber externen Dienstleistungen läßt zudem einen Aufschwung erwarten. Outsourcing wird hier in erster Linie im Enterprise Resource Planning-Umfeld (SAP) sowie bei Customer Care- und Billing-Lösungen Einzug finden.

Der Handel ist wenig attraktiv für Outsourcing-Dienstleister, da hier sehr früh enormer Wettbewerbsdruck zur Optimierung der IT-Landschaften führte. Neben Infrastrukturbezogenen Outsourcing-Arten, wie Desktop- und Rechenzentrums-Outsourcing, spielen Point-of-Sales-Systeme und Kundenkarten-Processing eine wichtige Rolle.

Der Dienstleistungssektor ist sehr heterogen. Nischen werden durch Spezialisten wie Datev oder Aareon bedient. Die Vielzahl kleinerer Unternehmen fragt in erster Linie Processing-Dienstleistungen und anwendungsbezogenes Outsourcing nach. Bei den wenigen großen Unternehmen (Reisebüros, Arbeitsvermittlungen etc.) spielen auch selektive Infrastruktur-Leistungen (Desktop, Rechenzentrum, Backup, Storage etc.) eine Rolle.

Der Transport- und Logistikbereich wird bislang durch einen starken kaptiven Anbieter dominiert: Lufthansa Systems. Daneben gibt es einige große „IT-GmbHs" wie DB-Systems oder Deutsche Post IT-Solutions. In den vergangenen drei Jahren haben vor allem die großen Deals von T-Systems mit der Deutschen Post für starkes Wachstum gesorgt.

Generell stellt sich im Fall jener Branchen, die stark von kaptivem Geschäft geprägt sind (Telekommunikation, Energieversorgung, Transport), die Frage, ob eine IT-Tochter langfristig zur Kernstrategie eines Großkonzerns gehört. Die Übernahme eines solchen kaptiven Anbieters würde jedenfalls einen Transfer vom kaptiven in den nicht-kaptiven Markt bedeuten.

Führende Outsourcing-Anbieter in Deutschland 2002 (nicht-kaptiv, in Millionen Euro)

Rang	Unternehmen	Umsatz
1	T-Systems	1656
2	IBM	975
3	SBS	575
4	EDS	508
5	Hewlett-Packard	345
6	GZS	235
7	TKIS	176
8	CSC	168
9	Lufthansa Systems	133
10	Cap Gemini Ernst & Young	115

Abbildung 5: Führende Anbieter auf dem deutschen (nicht-kaptiven) Outsourcing-Markt
(Quelle: Pac 2003)

Angesichts eines in vielen Bereichen gesättigten Großkundensegments entdecken derzeit Dienstleistungsunternehmen wie IBM vor allem aber auch Softwarehersteller wie SAP, Baan oder Sage den Mittelstand für sich. Natürlich ist gerade diesen Softwareherstellern daran gelegen, daß auch ihre Service-Partner vermehrt die mittelständische Klientel bedienen, die gerade in der traditionell durch kleine und mittelständische Unternehmen (KMUs) geprägten deutschen Wirtschaft als Wachstumsmotor gilt. Dennoch wurde das Mittelstandssegment in der Vergangenheit von den großen IT-Dienstleistern eher stiefmütterlich behandelt.

Generell ist das Mittelstandssegment geprägt von selektiven Formen des IT-Outsourcing. Während bei kleinen Unternehmen stark standardisierte, anwendungsbezogene Outsourcing-Arten wie Application Service Providing (ASP), Processing Services, Web Hosting und „ASP-ähnliche" Dienstleistungen im Vordergrund stehen, finden sich im Falle mittlerer Unternehmen auch komplexeres Applikations-Outsourcing und infrastrukturbezogene Dienstleistungen wie Desktop- oder Rechenzentrums-Outsourcing.

Die allgemein schwierige ökonomische Situation in Deutschland führte 2002 zu einem Wachstumsrückgang in annähernd allen Branchen und Marktsegmenten. Kleine und mittelständische Betriebe litten mit am stärksten unter der wirtschaftlichen Situation, zahlreiche Unternehmen gingen Konkurs.

Hinzu kommt, daß das Mittelstandssegment sehr preissensitiv ist, so daß sich der enorme Preisdruck, unter dem 2002 annähernd alle IT-Dienstleister litten, hier besonders negativ auf das Marktvolumen auswirkte. Zwar ging aufgrund des starken Preisverfalls auch das Umsatzwachstum im Bereich großer, komplexer Outsourcing-Deals zurück, jedoch macht sich ein solcher Preisdruck bei den im Mittelstand dominierenden, kurzfristigeren, oft nutzungsbasiert abgerechneten Outsourcing-Arten wie ASP, Web Hosting, etc. besonders bemerkbar.

Noch immer ist Outsourcing im Mittelstand relativ dünn gesät; das gesamte Volumen beläuft sich auf weniger als 30 Prozent des gesamten deutschen Outsourcing-Marktes; angesichts einer sehr mittelständisch geprägten deutschen Wirtschaft recht wenig.

Doch nicht zuletzt aufgrund der vergleichsweise niedrigen Basis kann in den kommenden Jahren im mittelständischen Sektor ein überdurchschnittliches Wachstum erwartet werden. Da gegenseitiges Vertrauen und die persönliche Beziehung zwischen Anbieter und Kunde eine außerordentlich wichtige Rolle spielen, bevorzugen kleine und mittelständische Unternehmen oft regionale, ebenfalls mittelständische Anbieter.

Aber nicht nur die Angst kleiner Unternehmen, als „Nummer" in der Masse der Kunden eines großen Anbieters zu enden, hemmt bislang den Markt. Auch die bis dato relativ geringe Attraktivität dieses Marktsegmentes für große IT-Dienstleister führte zu einer äußerst geringen Marktkonzentration. Der Marktanteil traditioneller Marktführer wie IBM, T-Systems, EDS, etc. ist wesentlich geringer als im Großkundensegment. Die Anbieterlandschaft ist ebenso heterogen wie die der Kunden.

Im Mittelstand werden neben dem klassischen Anwendungs-Outsourcing vor allem auch „neue" Outsourcing-Arten wie „On-Demand Services" eine wachsende Bedeutung haben, da diese eine flexible Nutzung und Abrechnung von Infrastruktur und Anwendungen ermöglichen und somit große Investitionen vermeiden helfen. Langfristig wird auch Business Process Outsourcing (BPO) ein Wachstumstreiber sein, vor allem in den Bereichen Human Resources und Accounting. Hier wird der deutsche Markt allerdings noch einige Zeit benötigen, und die „Early Adapters" werden eher dem gehobenen Mittelstand angehören.

Rechtliche Aspekte des Sourcing

Robert Löhr

Einleitung

Was versteht man unter „Sourcing"? Eine Variante des Sourcing ist zweifellos das Outsourcing, also die Auslagerung von Leistungen auf einen externen Dienstleister. Typischerweise gehen hierbei sowohl die in dem outgesourcten Bereich tätigen Mitarbeiter als auch die Betriebsmittel auf den externen Dienstleister über. Als Alternative zum Outsourcing wird neuerdings verstärkt ein „Insourcing" propagiert. Hier verbleiben Mitarbeiter und Betriebsmittel im Unternehmen, das zum Betrieb notwendige Know-how oder auch sonstige, ergänzende Leistungen werden „eingekauft". Eine weitere Spielart des „Sourcing" ist das sogenannte Strategic Sourcing, die Übertragung des Lieferantenmanagements auf einen externen Dienstleister.

Bereits diese drei Unterfälle des Sourcing – Outsourcing, Insourcing und Strategic Sourcing – zeigen, daß es den typischen Sourcing-Vertrag nicht gibt. Vielmehr handelt es sich bei Sourcing-Verträgen aufgrund der höchst unterschiedlichen Sachverhalte um eine von Fall zu Fall variierende Mixtur aus verschiedenen Vertragstypen. Ein Sourcing-Vertrag lässt sich deshalb regelmäßig nicht eindeutig einem im BGB geregelten Vertragstyp zuordnen. Dies hat Folgen für die Vertragsgestaltung, da die wesentlichen Fragen der Zusammenarbeit nach Möglichkeit detailliert vertraglich geregelt werden müssen. Da es zudem keinen etablierten Sourcing-Standard gibt, sind insbesondere die zu erbringenden Leistungen und entsprechende Erfolgsfaktoren (Meilensteine und Service-Level) zu vereinbaren.

Ein Sourcing-Vertrag ist regelmäßig auf eine dauerhafte, partnerschaftliche Zusammenarbeit angelegt. Deshalb sind vor allem auch Regelungen zur Projektorganisation und zur Anpassung des Vertrages an sich ändernde Rahmenbedingungen vorzusehen. Hierbei sollte auch die

Möglichkeit einer vorzeitigen Beendigung der Zusammenarbeit – insbesondere für Fälle des „change of controls" auf Seiten des Kunden oder des Dienstleisters – und deren Rechtsfolgen bedacht werden.

Der mit Gestaltung und Verhandlung eines Sourcing-Vertrages verbundene Aufwand wird in der Praxis oft unterschätzt. Nachfolgend soll unter „Planung und Verhandlung" deshalb zunächst die Phase der Vorbereitung und Verhandlung eines Sourcing-Vertrages beleuchtet werden, um sodann zentrale „Eckpunkte des Sourcing-Vertrages" darzustellen.

Planung und Verhandlung

1. Die Weichen für den Erfolg einer Sourcing-Partnerschaft werden früh gestellt. Viele Sourcing-Projekte bleiben hinter den Erwartungen zurück, was nicht selten auf Unzulänglichkeiten in der Phase der Vorbereitung und Verhandlung des Vertrages zurückzuführen ist. Der Teufel steckt bekanntlich im Detail, weshalb ausreichend Zeit für die Vorbereitung eines Sourcing-Projektes und die Vertragsverhandlungen eingeplant werden sollte.

2. Regelmäßig werden in einer ersten Phase mehrere potentielle Sourcing-Partner zur Abgabe eines Angebots aufgefordert. Um eine Vergleichbarkeit der Angebote zu gewährleisten und zugleich eine belastbare Grundlage für nachfolgende Vertragsverhandlungen zu schaffen, sollte den Bietern bereits mit dem „Request for Proposal" ein passender Vertragsentwurf vorgelegt werden. Der Entwurf sollte hierbei den besonderen Erfordernissen der Sourcing-Maßnahme Rechnung tragen. Ein Verweis auf Allgemeine Geschäftsbedingungen oder ein nicht passender Mustervertrag, der in der Eile dem Request for Proposal beigefügt wird, ist wenig hilfreich.

Ein Vertragsentwurf, der den Erwartungen gerecht wird, kann jedoch nicht am grünen Tisch, sondern nur in enger Zusammenarbeit von Juristen und operativ Verantwortlichen erstellt werden. Gerade bei der Beschreibung der Leistung und der erwarteten Performance (Service-Level) wirken rechtliche und fachliche Aspekte ineinander. Fachliche Anforderungen sind in eine rechtliche klare und verbindliche Form zu gießen, die auch noch nach Jahren, wenn die Projektverantwortlichen vielleicht längst gewechselt haben, dazu beitragen kann, Streitfragen einvernehmlich zu lösen.

Da ein schlechter Vertrag zur echten Belastungsprobe für eine Sourcing-Partnerschaft werden kann, sollte im Sinne einer erfolgreichen und dauerhaften Zusammenarbeit frühzeitig, in jedem Fall aber im Rahmen der Erstellung des Request for Proposals, begonnen werden.

3. Für die zeitliche Planung der Vorbereitung und Verhandlung des Vertrages sind rechtliche Besonderheiten einzelner Sourcing-Maßnahmen zu berücksichtigen. Ändert sich durch die Sourcing-Maßnahme die Betriebsorganisation oder soll Personal auf den Dienstleister übergehen, sind Beteiligungsrechte der Arbeitnehmer zu berücksichtigen. Erfahrungsgemäß empfiehlt es sich, den Betriebsrat und sonstige Arbeitnehmervertreter frühzeitig einzubinden. Insbesondere beim Outsourcing ist zudem zu prüfen, inwieweit der Übergang von Assets der Zustimmung Dritter bedarf. Im Einzelfall ist den Bietern Gelegenheit zu einer Due Diligence einzuräumen.

Insbesondere bei Sourcing-Vorhaben mit IT-Bezug sind Vorgaben des Datenschutzrechts zu beachten. Problematisch kann hier die Verlagerung von Aktivitäten in das Nicht-EU-Ausland (Offshoring) sein. In Einzelfällen, insbesondere im Bereich der Kranken-, Unfall- und Lebensversicherungen und der öffentlichen Hand, ist zudem frühzeitig der Einklang des Sourcing-Vorhabens mit den Vorgaben des § 203 StGB. Diese strafrechtliche Vorschrift untersagt die Weitergabe besonders sensibler Daten, die der öffentlichen Hand, den genannten Versicherungen oder aber auch Ärzten, Krankenhäusern oder Anwälten anvertraut sind. Ein Verstoß gegen § 203 StGB ist strafbar und kann zudem zur Nichtigkeit des Sourcing-Vertrages führen. Im Einzelnen ist hier vieles umstritten. Gerade deshalb sollte in den angesprochenen Bereichen frühzeitig die rechtliche Machbarkeit eines Vorhaben genau geprüft werden.

Unter Umständen sind steuerrechtliche Aspekte bedeutsam. Insbesondere bei Sourcing-Maßnahmen im Bankenumfeld können sich bei der Ausgliederung von Leistungen umsatzsteuerrechtliche Fragen stellen. So sind beispielsweise Umsätze im Zahlungs- und Überweisungsverkehr und bei der Wertpapierabwicklung steuerbefreit. Bei der Verlagerung von Leistungen ist zu prüfen, in welchem Umfang Leistungen des Sourcing-Partners der Umsatzsteuer unterliegen würden.

Eckpunkte des Sourcing-Vertrages

1. Leistungsbeschreibung

a) Die Leistungsbeschreibung bildet das Kernstück des Sourcing-Vertrages. Anhand der Leistungsbeschreibung ist im Streitfall etwa zu ermitteln, ob die vom Auftragnehmer erbrachte Leistung mangelhaft ist oder ob die Leistung verspätet erbracht wurde. Von dieser Beurteilung können ganz erhebliche Rechtsfolgen abhängen. So werden durch Schlechtleistungen regelmäßig Gewährleistungsrechte (Recht auf Nachbesserung, Minderung, Schadensersatz oder sogar auf Kündigung des Vertrages) des Auftraggebers ausgelöst.

b) Es liegt daher auf der Hand, daß eine detaillierte und umfassende Beschreibung des Leistungsinhalts, der Leistungsqualität und des Leistungszeitpunkts einen wesentlichen Bestandteil des Vertragswerks bilden muß. Aufgrund der höchst unterschiedlichen Anforderungen an die Leistungsbeschreibung in jedem Einzelfall kann an dieser Stelle keine abschließende Auflistung der zwingenden oder üblichen Bestandteile einer Leistungsbeschreibung erfolgen.

In der täglichen Praxis zeigt sich, daß vor allem Unschärfen und Lücken in der Leistungsbeschreibung zum Streit führen. Zur Vermeidung von Unschärfen empfiehlt sich eine möglichst klare Sprache. Bei späteren Meinungsverschiedenheiten werden häufig Personen den Vertrag auszulegen haben, die nicht unmittelbar an den Verhandlungen beteiligt waren. Es hilft dann wenig, wenn die an den Verhandlungen Beteiligten ein gemeinsames Verständnis hatten, dieses aber nicht klar schriftlich niedergelegt haben; zumal die handelnden Personen im Lauf der Zeit wechseln und die Erinnerung nachläßt. Letztlich bildet allein der Vertrag die Grundlage der Zusammenarbeit.

Im übrigen offenbaren sich beim Ringen um die passende Formulierung im Vertrag nicht selten latente Mißverständnisse. Auf einem hohen Abstraktionsniveau läßt sich eben leichter eine (vermeintliche) Einigung herbeiführen als in den niederen Rängen der Detailarbeit. Für eine erfolgreichen Partnerschaft ist diese Detailarbeit jedoch unumgänglich.

c) Gleichwohl wird es auch bei größter Kraftanstrengung kaum gelingen, eine vollständige Leistungsbeschreibung zu kreieren. Hierfür sind Sourcing-Verträge viel zu komplex. Eine besondere Detailtiefe ist auch keineswegs durchgängig erforderlich. Soweit sich die Leistungen des Auftragnehmers an einem bestimmten, objektiv meßbaren Erfolg bewerten lassen, mag es im Einzelfall genügen, diesen Erfolg zu definieren.

Ein besonderes Augenmerk ist auf die Schnittstellen zwischen Leistung und Mitwirkung zu richten. Gerade bei einer partnerschaftlichen Zusammenarbeit ist die eindeutige Zuweisung von Aufgaben und Verantwortung von herausragender Bedeutung. Andernfalls besteht die Gefahr, daß sich die Ursachen für eine unbefriedigende Performance nicht – zumindest nicht rechtlich – klären lassen und rechtliche Ansprüche deshalb nicht durchgesetzt werden können. Nicht zuletzt kann dies auch eine vorzeitige Kündigung erschweren, da diese – sofern nicht Sonderkündigungsrechte vereinbart sind – gesetzlich nur möglich ist, wenn der Vertragspartner Anlaß zur Kündigung gegeben hat. Dies läßt sich bei einer undeutlichen Gemengelage von Leistungs- und Mitwirkungspflichten nur schwer dartun.

d) In Anbetracht der rechtlichen, auf den ersten Blick vielleicht nicht immer erkennbaren Bedeutung der Leistungsbeschreibung sollte die Leistungsbeschreibung als das gesehen werden, was sie ist: der Kern des Vertrages. Deshalb ist es nicht ohne Risiko, wenn die Leistungsbeschreibung unabhängig vom „Rahmenvertrag" und ohne Einbindung rechtlichen Sachverstandes verhandelt wird.

2. Performance – Service-Level

a) Klare Vorgaben und Ziele erleichtern die Zusammenarbeit. Ebenso wie die Leistungsbeschreibung sind auch die Erfolgsfaktoren, an denen die Sourcing-Partnerschaft gemessen werden soll, eindeutig zu beschreiben. Je nach Art der Sourcing-Leistung ist hier die Vereinbarung bestimmter Meilensteine, bis zu denen Zielvorgaben erreicht werden sollen, oder die Vereinbarung von Service-Levels denkbar. Letzteres wird insbesondere bei Outsourcing und Strategic Sourcing-Verträgen regelmäßig gemacht.

b) Soweit im Rahmen eines Sourcing-Vertrages Service-Levels vereinbart werden, sollten diese nach Möglichkeit so gestaltet sein, daß die Erfolgsverantwortung alleine beim Auftragnehmer liegt. Die Aussagekraft eines Service-Level nimmt in dem Maß ab, in dem das Erreichen des Service-Level von Leistungen des Auftraggebers abhängt. Die klare Abgrenzung von Leistungsbereichen und die entsprechende Formulierung der Service-Levels ist ein Aspekt der Vertragsgestaltung.

c) In der Praxis wird zumeist für das Nichterreichen eines Service-Level eine Vertragsstrafe/Maluszahlung vereinbart. Diese Vertragsstrafen/Maluszahlungen werden ihrerseits der Höhe nach „gedeckelt", je nach Gusto pro Service-Level, pro Monat/Jahr und/oder insgesamt. Dies ist sinnvoll und üblich. Auch ist es sinnvoll, das Zusammenspiel von Vertragsstrafen/Maluszahlungen und weitergehenden Haftungsansprüchen und sonstigen Rechten des Kunden zu regeln, da solche Service-Levels einen rechtlichen Streit über etwaige Ansprüche des Kunden gerade vermeiden sollen. Ein gänzlicher Ausschluß weitergehender Haftungsansprüche und Kündigungsrechte kommt jedoch grundsätzlich nicht in Betracht. Hier die „richtige" Balance zwischen dem Verweis auf Vertragsstrafen/Maluszahlungen einerseits und der Gewährung weitergehender Rechte zu finden, ist nicht immer einfach. Insbesondere bei einer Vielzahl von Service-Levels erfordert die Vertragsgestaltung Erfahrung und Verhandlungsgeschick.

d) Die wesentliche Bedeutung von Service-Levels besteht jedoch nicht in der Pönalisierung von Schlechtleistungen. Niemand wird Maluszahlungen als Einnahmequelle schätzen, zumal die wirtschaftlichen und atmosphärischen Folgen einer Schlechtleistung mit Maluszahlungen und Vertragsstrafen nicht abgedeckt werden. Die eigentliche Aufgabe von Service-Levels ist es vielmehr, die Qualität der Leistung transparent und Optimierungspotentiale deutlich zu machen. Im Rahmen des Vertrages ist deshalb auch ein Monitoring/Reporting der Service-Level zu vereinbaren. Im Idealfall kann so erreicht werden, daß bei absehbarer Unterschreitung eines Service-Level noch entgegengesteuert werden kann. Jedenfalls sollte aber die Nichterfüllung eines Service-Level neben einer Maluszahlungen weitere konkrete Folgen – wie beispielsweise die Eskalation an die Projektleiter oder die Pflicht des Auftragnehmers, Verbesserungsvorschläge zu unterbreiten – nach sich ziehen.

3. Projektorganisation – Eskalation

a) Eine wesentliche Aufgabe des Sourcing-Vertrages liegt in der Vorgabe organisatorischer Strukturen, die die regelmäßige und rechtzeitige Kommunikation der Beteiligten, eine notwendige Eskalation von Unstimmigkeiten/Mißständen und die erforderliche Dokumentation getroffener Entscheidungen sicherstellt.

b) Gerade bei einem Sourcing-Vertrag ist die regelmäßige Kommunikation auf operativer Ebene, aber in längeren Abständen auch auf

Managementebene, von hoher Bedeutung. Die Projektverantwortlichen sollten sich in festen Zeitabständen zusammensetzen, um den Stand der Zusammenarbeit und etwaige Schwierigkeiten zu besprechen. Auch ist es Aufgabe der Pojektleiter, Entscheidungen über etwaige Anpassungen des Vertrages vorzubereiten oder – je nach Reichweite der Maßnahme – zu entscheiden. In jedem Fall ist es bei akuten Problemen Aufgabe der Projektleiter, unverzüglich Abhilfe zu schaffen.

Um rasche Entscheidungen zu fördern, sollte der Vertrag klare Eskalationsregeln enthalten. Neben der Definition von Eskalationsstufen und der Zuweisung von Aufgaben und Verantwortlichkeiten sollte der Vertrag auch auf rasche Entscheidungen und die zügige Kommunikation von Schwierigkeiten hinwirken. So kann beispielsweise eine Pflicht zur Eskalation vorgesehen werden, wenn Unstimmigkeiten nicht innerhalb eine bestimmten Zeitspanne beigelegt werden. Ansonsten besteht die Gefahr, daß Unstimmigkeiten nur zögerlich und zu spät kommuniziert werden.

d) Von nicht zu unterschätzender Bedeutung ist die ordentliche Dokumentation von Projektsitzungen. Ein noch so guter Vertrag ist wenig wert, wenn die Grundlagen der Zusammenarbeit in Projektsitzungen modifiziert werden, ohne daß entsprechende Entscheidungen schriftlich nachgehalten werden. Es besteht durchaus die Gefahr, daß ein Vertrag im Laufe der Zusammenarbeit durch eine abweichende Vertragsrealität ausgehöhlt wird. Um sich die Rechtssicherheit eines Vertrages zu bewahren, sollte deshalb der Vertrag geänderten Rahmenbedingungen angepaßt werden. Dies geschieht am besten schriftlich und im Rahmen der Sitzungen der Projektleiter oder eines übergeordneten Gremiums.

4. Flexibilität

a) Sourcing-Partnerschaften sind regelmäßig auf Dauer angelegt. Gleichzeitig kann nicht ausgeschlossen werden, daß sich die Grundlagen der Zusammenarbeit während der Vertragslaufzeit wesentlich ändern. So können sich gesellschaftsrechtliche Veränderungen auf beiden Seiten ergeben, die eine vorzeitige Auflösung des Vertrages verlangen. Denkbar ist beispielsweise, daß der Dienstleister von einem Dritten übernommen wird, der im Wettbewerb mit dem Kunden steht, oder daß das „Sourcing" im Zuge einer Übernahme des Kunden reorganisiert wird. Für diesen Fall sollten Sonderkündigungsrechte vorgesehen werden, auf die sich der Dienstleister – insbesondere soweit er im Rahmen des Vertrages bestimmte Investitionen tätigt – meistens nur gegen eine Abschlagszahlung einlassen wird. Gleichwohl ist es allemal einfacher, die Höhe solcher Ausgleichszahlungen im Rahmen der Vertragsverhandlungen zu vereinbaren als im Beendigungsfall.

b) Im Laufe der Jahre können sich Änderungen ergeben. Der Bedarf an Sourcing-Leistungen ist Schwankungen unterworfen. Soweit dies bereits bei Vertragsschluß absehbar ist, sollte dies auch berücksichtigt werden. Dies klingt banal, in der Praxis zeigen sich jedoch durchaus auch hier Versäumnisse. Hängt der Umfang der Sourcing-Leistung beispielsweise vom Personalbestand ab, ist selbstverständlich einem möglichen Personalabbau Rechnung zu tragen. Dies sollte nicht erst im Rahmen eines Change Request-Verfahrens behandelt werden, sondern im Vertrag. Sofern Unsicherheiten bestehen, können optionale Regelungen getroffen werden.

c) Schließlich dient auch ein modularer Vertragsaufbau dazu, die Flexibilität der Vertragsparteien zu gewährleisten. Bei einem modularen Vertragsaufbau werden nur die leistungsübergreifenden allgemeinen Rechtsfragen (etwa zu Verzug, Haftung, Gewährleistung und Gerichtsstand) in einem zentralen Rahmenvertrag geregelt, während besondere Bestimmungen zu einzelnen Teilleistungen in gesonderten Leistungsscheinen, die dem Rahmenvertrag als Anlage beigefügt sind, festgeschrieben sind. Entscheidet sich der Auftraggeber, einzelne Teilleistungen nicht mehr vom Auftragnehmer erbringen zu lassen, besteht die Möglichkeit, nur den betroffenen Leistungsschein zu kündigen. Eine aufwendige und gegebenenfalls abschreckende Überarbeitung des Vertragswerkes ist nicht erforderlich. Gleiches gilt, falls der Auftraggeber zusätzliche Teilleistungen in das Vertragswerk aufnehmen möchte. In diesem Fall muß an den Sourcing-Vertrag nur ein weiterer Leistungsschein angehängt werden.

5. Haftung

a) Ein zentrales Thema im Rahmen der Vertragsverhandlungen sind regelmäßig Umfang und Grenzen der Haftung des Dienstleisters. Die gesetzlichen Rahmenbedingungen sind in diesem Punkt sehr auftraggeberfreundlich. Eine betragsmäßige Begrenzung der Haftung ist in den relevanten Fällen gesetzlich nicht vorgesehen. Auch haftet der Dienstleister grundsätzlich für Fahrlässigkeit und Vorsatz.

b) Eine solch weitreichende Haftung wird vielfach nicht akzeptiert. Gewünscht wird zum einen eine betragsmäßig Beschränkung, pro Einzelfall, Jahr und/oder insgesamt. Da eine betragsmäßige Begrenzung für vorsätzliches Verhalten nur selten überhaupt diskutiert wird, stellt sich hier vor allem die Frage, ob die Haftungsgrenzen auch für grob fahrlässiges Verhalten gelten sollen. Da die Grenzen zwischen leichter und grober Fahrlässigkeit nicht klar definiert sind und gerade bei professionellen Dienstleistern, bei denen eine besondere Erfahrung unterstellt und deshalb ein besonderes Maß an Sorgfalt verlangt wird, der Bereich der groben Fahrlässigkeit leichter als gemeinhin angenommen erreicht werden kann, lassen sich auf seiten des Dienstleisters durchaus Gründe für eine Haftungsbeschränkung auch für grobe Fahrlässigkeit vorbringen. Dies gilt insbesondere, wenn Arbeitnehmer im Zuge der Sourcing-Maßnahme übergehen und die Leistungen im wesentlichen mit übernommenem Personal erbracht werden sollen. Nicht beschränkt werden sollte jedoch die Haftung für „grobes Organisationsverschulden", also für Schäden, die weniger auf das Fehlverhalten einzelner Arbeitnehmer, sondern vielmehr auf eine mangelhafte Organisation des Dienstleisters zurück zu führen sind.

c) Nicht unproblematisch ist es, im Rahmen der Haftung zwischen direkten und indirekten, unmittelbaren und mittelbaren Schäden zu unterscheiden. Diese häufig anzutreffende Differenzierung ist – von Ausnahmen abgesehen – im deutschen Recht nicht angelegt. Auch läßt sich bereits über die Abgrenzung zwischen den einzelnen Schadensformen streiten. In jedem Fall ist stets genau zu prüfen, ob nicht gerade die mittelbaren und indirekten Schäden ein besonderes Risiko bedeuten. So liegt es auf der Hand, daß der Ausfall der von einer Bank bei der Wertpapierabwicklung eingesetzten IT-Systeme sehr schnell bedeutende mittelbare Schäden verursachen kann.

Fazit

In Anbetracht der Vielzahl denkbarer Gestaltungen des Sourcing können vorliegend nur ausgewählte rechtliche Aspekte beleuchtet werden. Aber bereits die angesprochenen Themen sollten die Bedeutung der Vertragsgestaltung für den Erfolg eines Sourcing-Vorhabens und die Komplexität eines Sourcing-Vertrages verdeutlichen. Der Praxis kann deshalb nur empfohlen werden, frühzeitig interne oder externe Juristen in die Planung einzubinden.

Der „Faktor Mensch" als Basis für erfolgreiche Outsourcing-Projekte

Norbert Kettner

In der öffentlichen Diskussion über die wirtschaftliche Stagnation, die wachsende Arbeitslosigkeit, den notwendigen Strukturwandel und die Zwänge der Globalisierung haftet dem Begriff „Outsourcing" ein negatives Image an. Mitunter erscheint er als betriebswirtschaftliche oder politisch korrekte Schönsprechvariante für unangenehme Veränderungen wie „betriebsbedingte Kündigung", Abstoßung und Stillegung ganzer Abteilungen oder einfach dem „Gesundschrumpfen" von Unternehmen. Die Gewinnsteigerung durch Outsourcing wird immer häufiger genutzt und scheint auf der Hand zu liegen: Profitmaximierung auf Kosten der Beschäftigten, insbesondere von solchen, die nicht im Kernkompetenzbereich des Unternehmens, sondern in unterstützenden Funktionen wie Finanz- und Rechnungswesen, Personalmanagement oder der Informationsverarbeitung tätig sind. Mit anderen Worten: Der „Faktor Mensch" spielt bei der unternehmerischen Strukturoptimierung kaum mehr eine Rolle. Wer nicht zur direkten Wertschöpfung beiträgt, wird abgeschafft.

Daß strukturelle Veränderungen unter solchen Voraussetzungen von den Mitarbeitern skeptisch betrachtet werden, insbesondere, wenn es um die berufliche Karriere und menschliche Schicksale geht, ist alles andere als überraschend. Daß es genügend Negativbeispiele gibt, die Anlaß zur Skepsis bieten, ist ebenfalls nicht zu bestreiten. Dennoch: Zuweilen wird die gesunde Skepsis durch eine grundlegende Ablehnung von Veränderungen und einer tief sitzenden Kultur der Angst überlagert, die den Blick auf die tatsächlichen Veränderungen verschleiert. Besonders problematisch ist diese Angstkultur, wenn sie die Unternehmenskultur prägt und so die rationale und konstruktive Kommunikation zwischen den Betriebsebenen über die Notwendigkeit und Möglichkeit positiver Veränderungen blockiert. Dadurch bedingt, sind Umbruchzeiten häufig Blütezeiten von ungestütztem Skeptizismus, von Veränderungsverweigerung und Rückwärtsgewandtheit.

Das Festhalten an traditionellen Arbeits- und Unternehmensmodellen sollte im Umfeld der zunehmenden Globalisierung, dem stärkeren Wettbewerbs- und Kostendruck sowie der höheren Kundenorientierung überdacht werden. Insbesondere bei Outsourcing-Vorhaben zeigt sich, daß nicht nur die allgemein wahrgenommene Stimmungslage in Politik und Kultur, sondern auch unzureichende Kommunikation in solchen Projekten dazu führen, daß Veränderungspotentiale für die Mitarbeiter verzerrt oder falsch wahrgenommen werden. Für die Entscheider ist es daher wichtig, die Outsourcing-Visionen vollständig zu entwickeln, offen zu vertreten und intern zu vermarkten.

Defragmentierung des Unternehmensmodells

Je nach Branche hat sich Outsourcing in den direkt produktiven Bereichen bereits durchgesetzt. Beispielsweise ist die Auslagerung von Produktionsteilen oder der Logistik heute vielerorts üblich. Neue Potentiale zur Effizienzsteigerung und Kostensenkung ergeben sich für die unterstützenden Funktionsbereiche.

Zumeist geben allerdings erst Krisensituationen den Ausschlag, über die Zukunftsfähigkeit von Strukturen und Prozessen und somit über Outsourcing nachzudenken. In der betrieblichen Praxis sind die unterstützenden Funktionen dezentral in Divisionen, Niederlassungen oder Landesgesellschaften organisiert. Durch Outsourcing der indirekten Leistungsbereiche wie Personalwesen, Finanz- und Rechnungswesen und Informationsverarbeitung und deren Bündelung in zentralen Organisationen, werden die Leistungen zentral und einheitlich zur Verfügung gestellt. Das traditionelle Unternehmensmodell wird analysiert und aufgebrochen. Die unterstützenden Funktionsbereiche werden ausgelagert, um den heutigen Anforderungen im wirtschaftlichen Umfeld der Unternehmen gerecht zu werden.

Outsourcing auf Basis einer neuen zentralisierten Organisation ist durchaus ein Modell, das zukunftsweisende Lösungen für Mensch und Unternehmen ermöglicht und Grundsteine für nachhaltigen Fortschritt legt. In den modernen Sourcing-Modellen werden Mitarbeiter in die neue Organisation übernommen, die jetzt als Partner die unterstützenden Funktionen durchführt.

Das outsourcende Unternehmen profitiert davon, daß auf Basis von Servicevereinbarungen mit einem Geschäftspartner die indirekten Leistungen auf den Stand der „Best Practice" gebracht werden und gleichzeitig die Voraussetzungen geschaffen werden, die Kosten zu sen-

1. **Beispiel einer dezentralen Organisation**
   Multiple Entitäten erbringen wiederholte Leistungen
   (Divisionen, Niederlassungen)

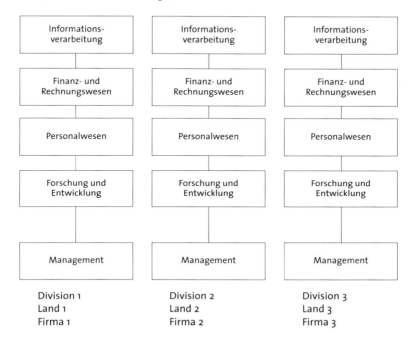

2. **Beispiel einer zentralen Organisation**
   Indirekte Produktion wird zentralisiert:
   - Höhere Spezialisierung
   - Höhere Produktivität
   - Bessere Karriereperspektiven im Kompetenzbereich

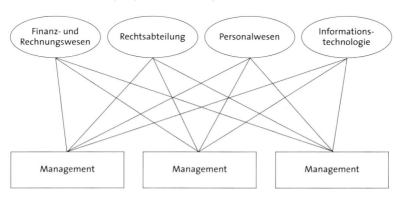

Abbildung 1: Defragmentierung eines Unternehmensmodells

ken. Zusätzlich profitiert der „outgesourcte" Mitarbeiter, der im neu geschaffenen Competence-Center auf Basis seiner fachlichen Expertise zum direktem „produktiven Faktor" wird und somit völlig neue Entwicklungspotentiale für sich erschließen kann. Dies hat für den Mitarbeiter auch den positiven Aspekt, daß er sich in einem Umfeld, das von der Erbringung nachweisbarer Leistung geprägt ist, wieder findet und sich in einem von Kompetenz geprägten Arbeitsbereich orientieren kann. Seine Leistung wird an präzise definierten Kriterien gemessen, was zu einer offenen und erfolgsorientierten Kultur führt. Im Einzelfall ist dies auch eine echte Karrierechance für den Mitarbeiter. Wenn Finanz- und Rechnungswesen im neuen Unternehmen beispielsweise die Kernkompetenz ist, impliziert die Spezialisierung auch gleichzeitig Aufstiegschancen und die Anerkennung der Leistung.

Outsourcing degradiert also den Menschen nicht zu einer Manövriermasse – im Gegenteil: Es schafft flexiblere und bewegliche Strukturen, in denen der „Faktor Mensch" wesentlich stärker zur Geltung kommt. Outsourcing im Rahmen der Defragmentierung von Unternehmensmodellen braucht die Erfahrung und Kompetenz der Mitarbeiter, um die Leistung erfolgreich in einer zentralen Organisation abzubilden.

Dennoch muß sich das Unternehmen bewußt sein: Die Zentralisierung und Defragmentierung des Unternehmensmodells bedeutet zum einen eine tiefgehende Strukturveränderung, zum anderen erfordert sie von den Mitarbeitern aller Ebenen ein grundlegendes Umdenken bezüglich der eigenen Aufgabenstellungen und Leistungen. Sie müssen bereit sein, Veränderung zuzulassen.

Die Wertigkeit des „Produktionsfaktors Mensch"

Die Anpassung unternehmerischer Organisations- und individueller Denkstrukturen an die modernen Erfordernisse der globalisierten Wettbewerbslandschaft ist ein anspruchsvoller Prozeß voller schmerzhafter Abschiede und riskanter Aufbrüche.

Steht ein Outsouricng-Vorhaben an, bedarf es daher einer umfassenden und ganzheitlichen Kommunikation. Die Integration der betroffenen Mitarbeiter kann sowohl veränderungsfördernd als auch veränderungshemmend wirken. Denn schließlich sind es die Menschen, die für den Erfolg eines Projektes verantwortlich sind und deren Individualität daher berücksichtigt werden muß: Kreativität und Kompetenz, aber auch das Festhalten an traditionellen Organisationen und Strukturen sowie die Angst vor Veränderungen, Machtverlust und soziale

Unsicherheit. Ob der Outsourcing-Prozeß gelingt oder nicht, hängt somit zentral davon ab, ob „weiche Faktoren" wie beispielsweise Unternehmenskultur, Werte, Machtstrukturen, Hierarchien, formelle Routinen und informelle Rituale, in einem Outsourcing-Vorhaben respektiert werden und wie mit ihnen umgegangen wird.

„Unser größtes Kapital sind unsere Mitarbeiter." Dieser Satz ist heutzutage in fast jeder Unternehmensveröffentlichung und fast jeder Stellenanzeige zu lesen. Durch die Auslagerung von Funktionen können große Potentiale für die Mitarbeiter und das Unternehmen entstehen. Wichtig ist, daß die Mitarbeiter für die Veränderung gewonnen werden. Denn die Einbindung und Information der Mitarbeiter ist ausschlaggebend dafür, ob dem Unternehmen der Übergang von traditionellen Unternehmensmodellen hin zu eigenständigen, auf gemeinsamer Grundlage und zentral operierenden Einheiten, die durch andere Unternehmen gemanagt werden, gelingt oder nicht.

Innovative Sourcing-Modelle für die öffentliche Verwaltung

Holger Bill

„Unternehmen" Staat

Mit mehr als vier Millionen Beschäftigten ist der Staat der größte Arbeitgeber in der Bundesrepublik Deutschland: Jeder siebte deutsche Arbeitnehmer ist bei der öffentlichen Hand beschäftigt. Kein Unternehmen weist ein vergleichbares Spektrum an Geschäftsfeldern auf: Über Hochschulen, öffentliche Sicherheit, Städtebau und Nachrichtenwesen bis hin zu Sport und Erholung bieten Bund, Länder und Gemeinden eine außerordentlich breite Palette von Dienstleistungen für Bürger und Unternehmen. Nicht nur die Bandbreite, sondern auch die besonderen Bedingungen in der öffentlichen Verwaltung bestimmen die Art und Weise der „Public Governance". Die öffentliche Hand kann sich im Gegensatz zu gewinnorientierten Unternehmen der Privatwirtschaft nicht von unprofitablen Geschäftsfeldern trennen. Öffentliche Dienstleister stellen einen – teilweise qua Grundgesetz oder Landesverfassung definierten – Versorgungsstand mit öffentlichen Gütern sicher. Nicht nur die rechtlichen Rahmenbedingungen unterscheiden die öffentliche Verwaltung von der Privatwirtschaft – das Fehlen des auf dem freien Markt herrschenden Konkurrenzgedankens hat eine grundsätzlich andere Kultur entstehen lassen. Dennoch ist die Verwaltung keineswegs ein Ort des Stillstands, im Gegenteil, sie ist von großer Dynamik gekennzeichnet.

Die öffentliche Verwaltung als Ort der Innovation

Auf Bundes-, Landes und Kommunalebene sind vielfältige Initiativen gestartet worden, um Deutschland im internationalen Wettbewerb durch schnelles und effizientes Verwaltungshandeln einen Platz in den ersten Reihen zu ermöglichen. Die öffentliche Verwaltung hat sich kenntnisreich im Werkzeugkasten der freien Wirtschaft bedient und ist dabei, z.B. über Benchmarking, Controlling oder Personalmanagementkonzepte eine Optimierung des Einsatzes staatlicher Mittel bei gleichzeitiger Serviceverbesserung zu erreichen. Über verwaltungs- und länderübergreifende Kooperationen wie etwa der „Initiative Mitteldeutschland", in der die Länder Thüringen, Sachsen und Sachsen-Anhalt Behördendaten gemeinsam elektronisch verwalten, werden Effizienzpotentiale realisiert. Viele der bundesweit 25.000 Behörden arbeiten heute wirtschaftlich, sind bürger- und kundenorientiert. Mit der Verwaltung ist heute vielerorts Staat zu machen – allerdings ist der Reformprozeß noch lange nicht abgeschlossen.

Schwerpunkte der Reformdiskussion

Die Reformdebatte im öffentlichen Sektor kreist im wesentlichen um zwei Themen:

1. Effektivität und Effizienz der öffentlichen Verwaltungen,
2. Umfang der öffentlichen Aufgaben.

Unter dem Stichwort „Aufgabenkritik" wird diskutiert, wie öffentliche Tätigkeiten effektiver und effizienter organisiert werden können. Veränderung der Organisationsstruktur, wie beispielsweise die Einführung dezentraler Verantwortungsbereiche und Initiativen zum Hierarchieabbau, sind hier die herausragenden Initiativen. Ziel- und Ergebnissteuerung, innovative Managementkonzepte und produktorientierte Budgetierung sind das Ziel. Darüber hinaus wird diskutiert, wie das Aufgabenprofil einer Verwaltung vernünftigerweise auszusehen habe. Die Leitfrage ist, ob die Verwaltung die richtigen Aufgaben auf die bestmögliche Art und Weise durchführt. Initiativen zur Begrenzung und Reduzierung öffentlicher Ausgaben durch Outsourcing oder der Privatisierung öffentlicher Unternehmen sind hier die weitreichendsten Maßnahmen.

Modernisierung auf hessisch

Art und Umfang solcher Modernisierungsmaßnahmen lassen sich am Beispiel Hessen aufzeigen. Zunächst wurden fünf Projektbereiche definiert, in denen die Modernisierungsmaßnahmen vorangetrieben werden: Abbau staatlicher Reglementierungen, Aufgabenabbau und Privatisierung, Delegation und Bündelung, neue Verwaltungssteuerung mit

Reform des Haushalts- und Rechnungswesens und der Einführung einer einheitlichen EDV-Software sowie der Reform des Dienst- und Tarifrechts und Personalmanagement. Insgesamt wird das Unternehmen „Staat" mehr und mehr nach betriebswirtschaftlichen Kriterien geführt. Ein Methodenmix aus Privatisierung, Auslagerung und innovativen Managementmethoden soll die desolate Haushaltslage mildern und Mittel für die zentralen Aufgaben des Landes wie etwa Bildung oder Innere Sicherheit freisetzen.

Höhere Effizienz durch neue Verwaltungssteuerung

In Zusammenarbeit mit einem Beratungshaus führt Hessen das kaufmännische Rechnungswesen in allen Dienststellen ein. Damit ist Hessen das erste Bundesland, das ein in der Privatwirtschaft übliches Buchungssystem flächendeckend anwendet. Ziel der neuen Verwaltungssteuerung ist die grundlegende Modernisierung der administrativen Prozesse und Verfahren. Das Reformprojekt ermöglicht es dem Land, seine Finanzmittel zielgerichtet einzusetzen und das Angebot staatlicher Leistungen zu optimieren.

Königsweg Privatisierung?

Hessen hat die Anzahl der öffentlichen Aufgaben bereits deutlich reduziert. So wurde das Immobilienmanagement im Jahr 2000 als Landesbetrieb „Hessisches Immobilienmanagement" ausgegründet und muß sich seit 2002 selbst finanzieren. Dabei fallen jährlich rund 80 Millionen Euro Kosten an, die es zu erwirtschaften gilt: unternehmerisches Denken und Handeln sind also unabdingbar.

Die hessischen Staatsweingüter, die Staatsbäder und der arbeitssicherheitstechnische Dienst wurden ebenfalls privatisiert. Auch Laborleistungen wie Baustoff- und Bodenprüfung oder Arzneimitteluntersuchungen werden mittlerweile an private Unternehmen vergeben. Das hessische Justizministerium beabsichtigt in Hünfeld, Deutschlands erste Justizvollzugsanstalt (JVA) mit 500 Haftplätzen zu errichten, die privat geplant, gebaut und zumindest teilweise auch privat betrieben werden soll.

Erfahrungen aus Frankreich und Großbritannien haben gezeigt, daß durch Privatisierung beim Bau rund 25 Prozent und bei den Betriebskosten etwa zehn bis 15 Prozent gespart werden können.

Privatisierungsmaßnahmen sind gewiß ein Schritt in die richtige Richtung; sie werden den Kostendruck allerdings nur unwesentlich reduzieren. Denn die desolate Lage der öffentlichen Haushalte wird sich angesichts zurückgehender Steuereinnahmen und einer hohen Sockelarbeitslosigkeit kurz- und mittelfristig nicht ändern. Insofern sind innovative Ansätze zur Kostenreduzierung gefragt – und dies möglichst ohne Einbußen beim Service. Eine Möglichkeit hierbei ist Outsourcing.

Outsourcing in Deutschland

In Deutschland sind die Potentiale des Outsourcing noch nicht ausgeschöpft. In einer gemeinsamen Studie des Fraunhofer Institut für Arbeitswirtschaft und Organisation (IAO) und des Beratungsunternehmens Accenture wurden 100 Führungskräfte und Entscheider der öffentlichen Verwaltung zu ihren Erfahrungen mit Outsourcing befragt. Für mehr als zwei Drittel der befragten Verwaltungsexperten ist Outsourcing bereits Realität: Sie haben nicht nur Erfahrung mit entsprechenden Projekten gesammelt, sondern äußern sich auch in hohem Maße zufrieden über den Erfolg der Aktivitäten. Die Mehrheit der Befragten, die bereits Outsourcing-Erfahrungen gesammelt haben, sieht hierin sogar ein wichtiges strategisches Instrument, um auch in Zukunft die Ziele der Organisation besser zu erreichen.

Bisher konzentrierte sich die deutsche Verwaltung auf die Ausgliederung von Online-Aktivitäten, IT-Infrastrukturaufgaben und internen Services – also im wesentlichen auf sekundäre Aufgabenbereiche, bei denen intern die Kompetenzen fehlen oder durch Outsourcing kurzfristig Kosteneinsparungen erzielt werden können. In anderen europäischen Ländern gehen die Outsourcing-Aktivitäten jedoch deutlich weiter. Um vergleichbare Kostenersparnisse erreichen zu können, sollten daher auch in Deutschland Back-Office-Bereiche wie etwa Personalverwaltung oder Buchhaltung ausgegliedert werden.

Best-Practice-Beispiele aus Belgien und Dänemark

In Kopenhagen wurde beispielsweise die Gehaltsabrechnung sowie Teile der Personalverwaltung für die städtischen Angestellten ausgelagert. Dabei wurden die administrativen Prozesse jedoch nicht eins zu eins übernommen, sondern auf Basis einer modernen IT-Architektur modernisiert und effizienter gestaltet. Dies macht zukünftig beispielsweise eine Online-Verwaltung der Personalakten möglich.

Belgien hat Design und Betrieb seines Regierungsportals im Internet ausgelagert. Die Kosten für den Betrieb basieren auf einer festgelegten

Anzahl von Zugriffen auf die Webseite ("hits") pro Sekunde. Erhöht sich dieser Anteil signifikant und permanent, so kann das Entgelt laut Vertrag erhöht werden. Der Betreiber hat also ein Interesse, die Zahl der Zugriffe zu erhöhen und stellt daher moderne, nutzerfreundliche Technologie zur Verfügung.

Outsourcing und Modernisierung im britischen Inland Revenue Department

Europäischer Spitzenreiter in Sachen Business Process Outsourcing ist Großbritannien. Auslagerung und Modernisierung gehen hier Hand in Hand. Mit 30,2 Prozent werden fast ein Drittel der europäischen Outsourcing-Umsätze in England gemacht.

Im Laufe der vergangenen 25 Jahre wurde das britische Rentensystem der Alterspyramide angepaßt und setzt nun zunehmend auf private Vorsorge. Obwohl alle Bürger ein Anrecht auf eine staatliche Rente haben, wurde durch aufeinanderfolgende Gesetzesänderungen eine Reihe von Alternativen wie z.B. die „contracted-out"-Altersvorsorge geschaffen, die den individuellen Austritt aus dem staatlichen Rentensystem durch Zahlung geringerer Sozialversicherungsbeiträge ermöglicht. Britische Bürger kombinieren also staatliche, betriebliche und eine private kapitalgedeckte Altersversorgung.

Die Sozialversicherungsbeiträge werden vom „National Insurance Contributions Office" (NICO) verwaltet, einem Zweig der britische Finanz- und Steuerbehörde, dem „Inland Revenue Department". Die größte staatliche Behörde Großbritanniens erhebt und verwaltet darüber hinaus auch die Hälfte aller Regierungsabgaben.

Die Verwaltung der unterschiedlichen Rentenarten stellt große Anforderungen an das IT-System. Heute verfügt das „National Insurance Recording System" (NIRS2) über die zweitgrößte Sybase Transaktionsdatenbank weltweit – die größte wird von der „National Aeronautics and Space Administration" (NASA) in den USA eingesetzt. Das System verwaltet insgesamt über 65 Millionen Konten britischer Bürger, bearbeitet 51 Millionen Steuererklärungen von Arbeitgebern (Stand 2001) und ist auf sieben Kernsteuersysteme der Finanz- und Steuerbehörde sowie auf viele Leistungszahlungssysteme des „Department of Work and Pension" (entspricht den deutschen Politikfeldern Arbeit & Soziales) abgestimmt.

Im Jahr 1994 hatte die Finanz- und Steuerbehörde den Auftrag ausgeschrieben, das Vorgänger-System von NIRS2, das bis dahin größte IT-

System der Regierung NIRS1 abzulösen. 1995 wurde der Vertrag mit einem externen Dienstleister mit einer Laufzeit bis 2004 abgeschlossen. Die vertragliche Vereinbarung wurde erstmalig nach der Struktur einer privaten Finanzierungsinitiative (PFI) gestaltet. Das Besondere daran ist, das sich der Auftragnehmer für alle Entwicklungskosten verantwortlich zeichnet, die durch Transaktionsentgelte nach Inbetriebnahme des Systems gedeckt werden sollen. Eine Verbesserung des Systems wurde ebenfalls vereinbart. Als erster PFI-Auftrag, der für ein IT-Infrastrukturprojekt vergeben wurde, ermöglichte dieses einzigartige Finanzierungsabkommen erstmalig einen umfangreichen Entwicklungsablauf ohne Kapitalfinanzierung. Die Vertragsgrundlage basiert zudem auf dem Prinzip der „offenen Bücher", die es beiden Vertragspartnern ermöglicht, von den Vorteilen einer Produktivitäts- und Rentabilitätsverbesserung sowie Geschäftsvorteilen gemeinsam zu profitieren.

Darüber hinaus wurden die Arbeitsprozesse der NICO-Organisation neu gestaltet und somit Möglichkeiten für weitere Veränderungen geschaffen. Mit Hilfe eines integrierten Online-Zugangs zur gesamten Beitrags- und Sozialversicherungshistorie eines Antragstellers können die Mitarbeiter Zahlungen und Anträge schneller bearbeiten und rascher auf Bürgererfordernisse eingehen.

Die Vorteile dieser vertraglichen Vereinbarungen für die britische Regierung liegen auf der Hand: Die Flexibilität von NIRS2 ermöglicht, wichtige Ziele ihres konsequent durchgeführten legislativen Reformprogramms für den Sozialleistungs- und Rentensektor zu erreichen.

Sourcing – Eine Zusammenfassung des Ansatzes und seiner Erfolgsfaktoren

Jürgen Gerlach

Globalisierung, transnationale Unternehmensallianzen und Merger & Acquisitions: die Unternehmenswelt ist durch eine nie gekannte, den gesamten Globus umspannende Dynamik gekennzeichnet. Die Chancen zur Gewinnung von Marktanteilen sind zwar exponentiell gestiegen, dies aber in einem sich zunehmend verschärfenden Wettbewerb: Unternehmen müssen schnell, schlank und innovativ sein, um die Möglichkeiten der neuen Netzwerkwirtschaft gewinnbringend nutzen zu können.

Von diesem Hintergrund hat intelligentes Sourcing in den vergangenen Jahren stark an Bedeutung gewonnen. Wertschöpfungsketten werden in ihre Einzelteile zerlegt und auf ihre wettbewerbskritische Relevanz überprüft. Für andere, geschäftskritische Bereiche wie Personalverwaltung, Buchhaltung oder Logistik werden alternative Formen der Governance umgesetzt, die die Struktur des Unternehmens insgesamt verändern.

Diese Sourcing-Strategien wie etwa Outsourcing, Co-Sourcing oder Insourcing haben – bei allen Unterschieden – eine Gemeinsamkeit: die Optimierung der Fertigungstiefe in den Unternehmen. Kompetenzen der Sourcing-Partner werden zur Steigerung der eigenen Leistungsfähigkeit genutzt, die eigenen Managementkapazitäten können auf strategische, wertorientierte Projekte konzentriert werden. Bei klar definierten Service-Levels werden Kosten prognostizier- und kalkulierbarer. Mit Sourcing-Strategien wurden in der Vergangenheit ganze Unternehmensbereiche ausgelagert und damit Organisationsstrukturen intelligent ergänzt. Erfolg kann aber nur erreicht werden, wenn die Entscheidung für eine Sourcing-Alternative in das strategische Gesamtkonzept des Unternehmens paßt.

Sourcing erfordert unternehmensindividuelle Lösungen

Welches die geeignete Sourcing-Strategie ist, hängt von den betroffenen Bereichen, der Gesamtsituation und der Strategie eines Unternehmens ab. Je nach eingesetzter Sourcing-Strategie können operative Kosten gesenkt, Umsätze erhöht und insgesamt Steigerungen des Unternehmenswertes erzielt werden. Durch die Vereinbarung von Service-Levels zwischen Auftraggeber und Auftragnehmer wird die Servicequalität meßbar und nachhaltig erhöht. Nicht mehr gebundene Ressourcen können so reinvestiert werden und damit zum Unternehmenswachstum beitragen.

Wertsteigerungen durch Outsourcing und Co-Sourcing sind in Bereichen möglich, in denen Wertschöpfung und/oder Eigenkompetenz gering sind. Liegt ein profitables Geschäftsmodell zugrunde, ist Insourcing in Bereichen mit hoher Eigenkompetenz und geringer Wertschöpfung eine Alternative. Die folgende Vier-Felder-Matrix wurde am Beispiel von Finanzdienstleistungsunternehmen entwickelt, um den Entscheidungsprozeß für ein Sourcing-Modell zu illustrieren:

	Handlungsfelder			Sourcing-Strategien	
Eigenkompetenz hoch	Eigenfertigung reicht nicht aus, um hohe Wertschöpfung zu erreichen z.B. Wertpapierabwicklung	Eigenfertigung sinnvoll wegen hoher Eigenkompetenz und Wertschöpfung z.B. Kundenberatung, Asset Management	**Eigenkompetenz** hoch	Insourcing Umsatzsteigerung und Skaleneffekte	Eigenfertigung kein Handlungsbedarf
niedrig	Maximale Effizienz kann in Eigenfertigung nicht erreicht werden z.B. Informationstechnologie, Infrastrukturbereiche, Personalwesen	In Eigenfertigung können fehlende Kompetenzen nur schwer aufgebaut werden z.B. Schadenbearbeitung bei Versicherungen	niedrig	Outsourcing Marktpreise und Marktkompetenz	Co-Sourcing Transformation und Kompetenzaufbau

Abbildung 1: Vier-Felder-Matrix

Insourcing

In mehreren Geschäftseinheiten gleichzeitig vorhandene Teile der Wertschöpfungskette können aus den einzelnen Bereichen herausgelöst und zum Beispiel in Shared-Service-Centern konsolidiert werden. Diese bieten ihre Dienste den internen Kunden zur gemeinsamen Nutzung an. Beispiele hierfür sind unterstützende Prozesse wie Finanzen und Rechnungswesen, Einkauf, Personalwesen und Informationstechnologie. Skaleneffekte senken dabei die Kosten, das spezifische Wissen kann durch Bündelung einer breiteren Basis zu Verfügung gestellt werden.

Solche Shared-Service-Center können als eigenständige Gesellschaften etabliert werden, die mit Ergebnisverantwortung neben den internen auch externe Kunden akquirieren, um so zusätzlich zu der internen Kostensenkung Umsatzpotentiale zu erschließen. Zusätzliche Umsätze mit externen Unternehmen lassen sich allerdings oft nur mit großer Mühe realisieren. Daher sollte die Entscheidung für ein solches eigenständiges Shared-Service-Center nicht von der erfolgreichen Akquise externer Umsätze abhängig gemacht werden. Die Einsparungen durch Shared-Service-Center variieren je nach Prozeß sehr stark und können bis zu 30, teils 40 Prozent betragen.

Die Vorteile einer solchen Lösung liegen auf der Hand: Sie sind in Synergie- und Skaleneffekten begründet, da Prozesse zusammengeführt und standardisiert werden. Durch die geographische Bündelung von Dienstleistungen ergeben sich zusätzliche Einsparpotentiale. Die Kontrolle über die Prozesse bleibt beim Unternehmen. Ein weiterer Vorteil solcher Lösungen ist, daß die Identität der Mitarbeiter mit ihrem Unternehmen erhalten bleibt.

Allerdings kann mit der Einrichtung von Shared-Services Centern auch eine Reihe von Nachteilen verbunden sein. Die Flexibilität solcher Center kann durch eine fehlende örtliche Nähe zu Kunden und Märkten eingeschränkt sein. Der Aufwand der Kommunikation bzw. Transaktion zwischen der Shared-Service-Organisation und der operativen Einheit kann erheblich sein. Unter Umständen ergeben sich hohe Anfangskosten für die aufbau- und ablauforganisatorische Gestaltung des Shared-Service-Centers und für die Vereinheitlichung von IT-Systemen. Zudem ist eine hohe Flexibilität der betroffenen Mitarbeiter notwendig.

Outsourcing

Unter Outsourcing wird „outside resource using" verstanden, also die Nutzung externer Ressourcen in betrieblichen Teilbereichen. Outsourcing wird aus einer Vielzahl von Gründen gewählt, vor allem um das strategische Ziel einer Konzentration auf die Kernkompetenzen des Unternehmens zu realisieren. In der Regel erhoffen sich die Unternehmen Kostenreduzierungen, Effizienzsteigerungen, Serviceverbesserungen, Zugriff auf externe Expertise oder moderne Technologie.

Das Outsourcing hat sich hierbei historisch wie folgt entwickelt: Zunächst wurden Unternehmensteile eins zu eins an einen externen Dienstleister ausgelagert, dann wurden unter besonderer Berücksichtigung von weichen und harten Standortfaktoren Unternehmensteile zusätzlich geographisch verlagert. Heute werden Geschäftsbereiche parallel zu der Auslagerung umfangreich modernisiert. Operative Kosten können so bis zu 40 Prozent und mehr reduziert werden.

Für ein Outsourcing sprechen eine Reihe von guten Gründen: Das auslagernde Unternehmen kann sich auf Kernkompetenzen fokussieren, Kosten werden reduziert, variabilisiert und damit vorhersagbar. Oft wird durch Outsourcing eine schnellere Abwicklung von Prozessen möglich, die Servicequalität wird gesteigert und meßbar. Als weiterer Vorteile ist die flexiblere Adaption von neuen Technologien und die Beschleunigung von Innovationen zu nennen.

Es gibt allerdings auch Faktoren, die gegen ein Outsourcing sprechen. In erster Linie ist hier die Abhängigkeit von Outsourcing-Dienstleistern sowie der Verlust von Know-how im Unternehmen zu nennen. Das auslagernde Unternehmen hat weniger Kontrolle über die Prozesse und die eingesetzten Technologien. Jede Outsourcing-Beziehung erfordert zusätzliche Zeit beim auslagernden Unternehmen für das Management der Geschäftsbeziehung. Auch sind bei Outsourcing-Vorhaben eine hohe Flexibilität und Anpassungsfähigkeit der Mitarbeiter notwendig.

An dieser Stelle soll kurz das bislang nicht besprochene Modell des Multisourcing vorgestellt werden: Es ist eine Sonderform des Outsourcing, die als selektives Outsourcing verstanden werden kann. Das heißt, es werden nicht komplette Geschäftsprozesse, sondern einzelne Bausteine an mehrere Dienstleister vergeben. Diese Option bietet gegenüber dem Komplett-Outsourcing die Möglichkeit, die jeweils kompetentesten und kostengünstigsten Anbieter für einzelne Dienstleistungen zu nutzen.

Der Hauptvorteil eines solchen Ansatzes ist das sogenannte „Best-of-Breed", d.h. die individuellen Stärken der externen Anbieter können optimal genutzt werden. Gleichzeitig ergibt sich eine höhere Flexibilität und Skalierbarkeit. Da die Dienstleistung von mehreren Anbietern bezogen wird bleibt die Abhängigkeit überschaubar.

Allerdings erfordert ein solches Multi-Sourcing einen hohen Administrationsaufwand, um die einzelnen Dienstleister zu steuern. Zudem stellt diese Sonderform des Outsourcing hohe Ansprüche an das Management der ausgelagerten Prozesse, wenn diese von mehreren Dienstleistern zusammen erbracht werden. Der Koordinations- und Integrationsaufwand der einzelnen Servicebausteine liegt allein beim Kunden. Zudem bietet ein solches Multi-Sourcing nur ein eingeschränktes Wertschöpfungspotential der einzelnen Dienstleister, da sie in nur in einzelnen Bereiche aktiv sind und damit weniger Spielraum für umfangreiche Veränderungen haben.

Co-Sourcing

Unter Co-Sourcing versteht man Ansätze innerhalb von Sourcing-Strategien, bei denen internen Ressourcen mit externen Kapazitäten über einen begrenzten Zeitraum hin verknüpft werden.

Sinnvoll ist das Co-Sourcing vor allem dann, wenn die Geschäftsfunktionen optimiert werden sollen, die Kompetenz zur Ausführung der Dienstleistungen aber langfristig im Unternehmen aufgebaut bzw. gehalten werden soll. Dies unterscheidet Co-Sourcing typischerweise vom Outsourcing. Oft unterstützt der externe Dienstleister auch das Management, wobei dann von Co-Management gesprochen wird. Durch Co-Sourcing kann das Unternehmen auf selbst nicht vorhandene Fähigkeiten zurückgreifen, ohne daß eine langwierige Personalauswahl nötig ist und Mitarbeiter eingearbeitet werden müssen – und das zu variablen Kosten.

Durch eine solche Form der Zusammenarbeit wird Know-how im Unternehmen erhalten und neu aufgebaut. Sie ermöglicht eine Kombination der Stärken des Unternehmens sowie des Dienstleisters und führt zu einer Variabilisierung der Kosten. Allerdings ist auch eine solche temporäre Nutzung externer Ressourcen nicht ohne Nachteile: Einsparungen für das Unternehmen aus dieser Art der Zusammenarbeit ergebens sich eher langfristig. Zudem erfordert dies die Zusammenführung unterschiedlicher Unternehmenskulturen, was einen nicht zu unterschätzenden Faktor darstellen kann. Eine solche

Nutzung externer Ressourcen innerhalb des eigenen Unternehmens erfordert teilweise einen sehr hohen Managementaufwand und bindet damit Zeit der eigenen Führungskräfte.

Kritische Erfolgsfaktoren aller Sourcing-Vorhaben

Unabhängig davon, ob eine Outsourcing-, Co-Sourcing oder Insourcing-Initiative sich auf ein schnelles Wachstum, die grundlegende Neupositionierung im Markt oder auf eine Restrukturierung des gesamten Geschäftsmodells konzentriert – es gibt eine Reihe kritischer Erfolgsfaktoren für jedes Sourcingvorhaben die im folgenden kurz vorgestellt und erläutert werden.

Führen Sie den Entscheidungsprozeß sorgfältig durch

Das zunehmend komplexe Umfeld verlangt eine kontinuierliche Überprüfung von Unternehmensentscheidungen. Sourcing-Entscheidungen sollten daher entlang eines strukturierten Prozesses gefällt werden. Die Festlegung von Meilensteinen ermöglicht die Steuerung von Zeit und Aufwand des Auswahlprozesses und gibt der Unternehmensführung die Möglichkeit Entscheidungen nochmals zu überdenken. Ohne auf den eigentlichen Prozeß an dieser Stelle einzugehen, werden nachfolgend nochmals zwei entscheidende Aspekte aufgegriffen:

Es empfiehlt sich, die gesammelten Ergebnisse des Entscheidungsprozesses in einer – gegebenenfalls unternehmensweiten – Sourcing-Strategie zusammenzufassen, auszuformulieren sowie durch einen entsprechenden Business Case zu unterlegen. Dieser Business Case bildet hierbei die kommerzielle Seite der Sourcing-Entscheidung ab. Neben der rein quantitativen Analyse muß in den Business Case auch die Bewertung von Risiken einfließen, die der/den jeweiligen Sourcing-Entscheidung(en) zugeordnet werden. Wichtig hierbei ist, daß die möglichen Risiken auch quantifiziert werden, denn nur so kann ein Business Case auch die notwendige Entscheidungsgrundlage bieten.

Der für die Umsetzung eines oder mehrerer Sourcingvorhaben(s) sicherlich entscheidende Aspekt ist die Auswahl des/der Sourcing-Partner(s). Im Entscheidungsprozeß sollte daher die Aufgabe den richtigen Partner zu identifizieren mit entsprechender Sorgfalt angegangen werden. Auch hierzu nur einige kurze Anmerkungen: Die Auswahl des Partners muß anhand verschiedener Dimensionen erfolgen. Neben den reinen Kosten für die Dienstleistungserbringung sind die Fähigkeiten des Partners ausschlaggebend. Der Partner muß zudem in der Lage sein, mit seinen Erfahrungen das Unternehmen umfangreich unterstützen zu können. Er darf mit dem im Sourcing-Projekt festgelegten Leistungsumfang keinesfalls bereits an den Grenzen seiner Leistungsfähigkeit kommen. Die Umsetzung der Sourcing-Entscheidung sollte mit dem Partner gemeinsam geplant werden.

Managen Sie die Transformation

Die Umgestaltung des Unternehmens muß durch die oberste Führungsebene eingeleitet, gefördert und gestützt werden. Sourcing ist somit Chefsache. Hierbei muß die Vertretung der Unternehmensführung immer wieder auch selbst aktiv werden und einen Kreis von Personen definieren, welche die Neuausrichtung mit der Unternehmensführung und – gegebenenfalls dem Partner – konsequent und verantwortlich vorantreiben. Dies läßt sich nicht mit einem einzelnen Kick-off-Meeting oder einer Besprechung pro Quartal erledigen, sondern erfordert direkte Einbindung in den Transformationsprozeß. Die Unternehmensführung stellt in solchen Projekte zusammen mit dem externen Partner die zentrale, treibende Kraft dar.

Setzen Sie klare strategische Ziele

Transformation bedeutet oft eine enorme Veränderung in einem rasanten Tempo. Ohne eine klar umrissene Agenda mit strategischen Zielen, welche die Vision für das Unternehmen strukturiert und in umsetzbare Meilensteine gliedert, droht der Überblick in kurzer Zeit verloren zu gehen. Bei der Zusammenarbeit mit einem externen Partner können hierbei verbindliche Pakete strategischer Koordinaten und Zeitrahmen vereinbart werden, die im Laufe der Zusammenarbeit erreicht und eingehalten werden müssen. Hierbei sollte allerdings die nötige Flexibilität für die tatsächliche Entwicklung bewahrt werden. Der externe Partner sollte z.B. bei Outsourcing-Projekten dazu verpflichtet zu werden, eigenverantwortlich darauf achten, daß eine solche Agenda immer wieder überprüft, adaptiert und soweit wie möglich beschleunigt wird.

Konzentrieren Sie sich auf übergeordnete Unternehmensergebnisse

Unternehmen, die einen durchgreifenden Wandel anstreben, stellen übergeordnete Ziele in den Mittelpunkt, deren Resultate vor allem Aktionären und Wettbewerbern unmittelbar ins Auge springen: Deutliche Steigerung des Gewinns, Übernahme der Marktführerschaft, Verbesserung des Aktienkurses, etc. können Beispiele hierfür sein.

Die meisten bisherigen Leistungsmessungen und Kennzahlen, die ein Unternehmen angewendet bzw. verwendet hat, verlieren mit einer umfangreichen Transformation weitestgehend ihre Gültigkeit. Neue Kennzahlen und Verfahren zu ihrer Bestimmung müssen erst konzipiert werden. Die Erwartungen, die mit einer solchen Transformation verbunden werden, sind generell deutlich höher, als diejenigen, die an punktuelle Veränderungsprozesse gestellt werden. Bei einer grundlegenden Neuordnungen von Geschäftsbereichen muß z.B. nicht mehr zwingend zwischen Kern- und Nicht-Kernbereichen unterschieden werden. Hier gilt es, auch erfolgskritische Leistungsbereiche mit Hilfe der Partner anzugehen. Ein hochmotivierter Partner kann Veränderungen wirkungsvoller als das Unternehmen selbst vorantreiben und dessen Leistungen auf ein marktführendes Qualitätsniveau heben.

Gestalten Sie innovative Vereinbarungen mit dem Partner

Ganz gleich, ob ein Unternehmen mit einem externe Partner ein Joint Venture gründen oder Teile seines Anlagevermögens an ihn veräußern will, ob eigenes Kapital investiert oder fremdes Kapital beschafft werden soll: Die einzige Chance, alle Potentiale von Outsourcing-, Co-Sourcing- oder Shared-Service-Lösungen voll auszuschöpfen, ist, den Partner für das Ergebnis mitverantwortlich zu machen und ihm gleichzeitig die nötigen Handlungsspielräume bzw. die Kontrolle über die sie betreffenden Prozesse einzuräumen – nur so kann der Dienstleister seine Kompetenzen voll einbringen.

Bei umfassenden Transformationen müssen alle Partner vollen Einsatz erbringen. Hierzu bedarf es sowohl einer übergreifenden Zielabstimmung als auch einer Risikobeteiligung und der Integration materieller Anreize, die das Engagement der Geschäftspartner maximieren.

Kommunizieren Sie soviel wie möglich

Unternehmen, die eine Transformation erfolgreich meistern, verbringen die meiste Zeit damit, ihre Mitarbeiter einzubinden. Sie informieren nicht nur, sie kommunizieren – mit großen Gruppen, mit einzelnen Personen, mit Abteilungen – und regen die Kommunikation zwischen den Beteiligten an. Im Zentrum stehen dabei die Führungskräfte: Erfahrene Shared Service- und Outsourcing-Manager sind als Persönlichkeiten präsent, verfügbar und ansprechbar. Sie kümmern sich um jeden einzelnen und schaffen es, aus anfänglichen Widerständen, Energie und Enthusiasmus zu machen.

Sehr wichtig ist es, daß die Kommunikationsmaßnahmen genau geplant werden, egal ob ein internes Shared-Service-Center aufgebaut oder Funktionen an ein Outsourcing-Partner verlagert werden. Die Auswirkung auf die Organisation und damit auf die Mitarbeiter ist nahezu allumfassend. Das richtige Maß an Informationen zum passenden Zeitpunkt an den richtige Stellen zu platzieren ist der Schlüssel zum Erfolg.

Vermeiden Sie Rückzieher

Jede Veränderung ist eine Veränderung. Egal, ob sie von Erfolg gekrönt ist oder nicht, ob sie vollständig umgesetzt oder auf halber Strecke abgebrochen wird, die unternehmensindividuelle Ausgangssituation, die zu Beginn der geplanten Veränderung bestanden hat, kann nicht wiederherstellt werden. Jede Transformation verursacht auch Aufwand, der sich insbesondere dann auszahlt und rechnet, wenn der Weg bis zum Ende gegangen wurde. Wird der Veränderungsprozeß jedoch abgebrochen, muß neben den Kosten mit erheblichen Schäden gerechnet werden: Verunsicherung und negative Stimmung im Unternehmen, Image-Verlust, Fehlinvestitionen, hohe Ineffizienz bei parallelem Arbeiten in alten und neuen Prozeßstrukturen, dadurch Schwächen in der Kundenbetreuung, bis hin zu Umsatzausfall, Verlust von Marktanteilen etc. können die Folge sein.

Fazit

Einzelne Sourcing-Prokjekte oder die Umsetzung einer komplett ausgearbeiteten Sourcing-Stratgie ist – wie sich aus den dargestellten Einzelpunkten ergibt – bei Leibe kein triviales Unterfangen. Die Auswahl des richtigen externen Partners, der die Unternehmensziele nachhaltig unterstützen kann, ist der wichtigste Bestandteil der Sourcing-Entscheidung. Diejenigen Unternehmen, die frühzeitig Sourcing-Entscheidungen treffen und damit Erfahrung mit Sourcing sammeln, sind für die Zukunft in einer immer globaleren Welt bestens gerüstet.

Quellen:

Accenture: Weit mehr als Outsourcing: Strategisches Sourcing für Finanzdienstleister, 2003

Accenture: Hendrik Jahn: „Sourcingstrategien für den IT-Bereich", 2002

Accenture: Business Transformation Outsourcing: Märkte gestalten –- Kompetenzen unternehmensübergreifend nutzen, 2002

Der Betrieb: „Management von Outsourcing-Aktivitäten", 22.10.1999

Harvard BusinessManager: Claus von Campenhausen, Andreas Rudolf: „Shared Services – profitabel für vernetzte Unternehmen", 24.11. 2000

Wirtschaftswoche: „Business Process Outsourcing Fit machen", 14.08.2003

Beispiele aus der Praxis

Co-Sourcing – Kosten senken und das Touristikgeschäft grundlegend restrukturieren

Manny Fontenla-Novoa

Thomas Cook ist einer der führenden Touristikkonzerne weltweit. Das Unternehmen beschäftigt weltweit etwa 28.000 Mitarbeiter, betreibt rund 3.600 Reisebüros und organisiert jedes Jahr den Urlaub für mehr als 13 Millionen Kunden. Zu den Geschäftsbereichen gehören die größte Charter-Airline der Welt sowie verschiedene Reiseveranstalter und Reisebüros mit Vertretungen in den bedeutenden Märkten Deutschland, Frankreich, Indien, Ägypten, Kanada und im zweitgrößten europäischen Reisemarkt Großbritannien.

In Großbritannien blickt Thomas Cook UK auf über 160 Jahre Unternehmensgeschichte zurück. Nach der Übernahme des Unternehmens durch die Thomas Cook AG, die damalige C&N Touristik AG, im April 2001 wurde das Reisegeschäft vom Finanzdienstleistungsbereich getrennt. Sehr schnell wurde deutlich, daß der Touristikbereich alleine nicht profitabel war. Thomas Cook UK war eine historisch gewachsene, dezentralisierte und ineffizient arbeitende Dienstleistungsorganisation, die sich auf Produkte statt Kunden konzentrierte. Kurz- und mittelfristig wurden erheblich Verluste erwartet. Um im Touristikgeschäft wieder schwarze Zahlen zu schreiben, mußte das Management schnell und konsequent handeln. Die weltweite Krise der Tourismusindustrie nach den Terrorattacken vom 11. September 2001 waren Anlaß, diese Aktivitäten noch stärker zu forcieren.

Transformation durch Co-Sourcing und Shared Services

Durch die Bündelung der Back-Office-Strukturen von Human Resources, IT und Accounting sollte Thomas Cook UK in ein gewinnbringendes, produktives und kundenorientiertes Unternehmen umgewandelt werden. Auch die Zusammenführung von ehemals 22 Standorten in einem Shared-Service-Center sollte dazu beitragen. Es galt, die operativen Prozesse vertikal zu integrieren und aus den komplett dezentralisierten Strukturen eine zentralisierte Organisation zu gestalten.

Bald wurde deutlich, daß sich der Aufbau von marktorientierten und kompetitiven Kosten- und Servicestrukturen nicht innerhalb des Unternehmens, sondern nur in Zusammenarbeit mit einem externen Partner umsetzen ließe. Dieser sollte nicht nur eine funktionsfähige Lösung und den Erfolg garantieren, sondern auch die Kompetenzen und Ressourcen in das Projekt einbringen, die innerhalb von Thomas Cook UK für den schnellen Aufbau und Betrieb eines solchen Shared-Service-Centers fehlten.

Ein solcher Partner sollte daher nicht nur die technischen Planung und Umsetzung des Shared-Service-Centers übernehmen, sondern auch die betriebswirtschaftlichen Seiten des Projektes beherrschen. Also ein Innovationspartner, der nicht nur bestehende Prozesse billiger abwickeln würde, sondern mit Thomas Cook gemeinsame Ziele verfolgen und Investitionen, Risiken sowie Gewinne teilen wollte.

Die innovative Lösung

Zusammen mit dem ausgewählten Partner entwickelte Thomas Cook UK eine auf zehn Jahre angelegte Co-Sourcing-Vereinbarung. Diese langfristige Partnerschaft sollte eine Reihe fundamentaler Umstrukturierungen und Verbesserungen der Serviceprozesse ermöglichen. Der Fokus aller Aktivitäten lag dabei von Anfang an auf der Optimierung der Geschäftsergebnisse (Geschäftspläne, Prozessverbesserungen, neue Entwicklungschancen etc.) und nicht ausschließlich auf den geplanten Systemveränderungen.

So führte das Co-Sourcing-Modell statt zu einem traditionell-typischen Outsourcing-Dienstleistungsverhältnis, zu einer Investitions- und Entwicklungspartnerschaft. Thomas Cook UK ist dabei vor allem für die strategische Entwicklung, die Investitionsentscheidungen und unternehmenskritischen Prozesse zuständig. Der Co-Sourcing-Partner trägt die Verantwortung für die Erbringung der operativen Leistungen und den effizienten Betrieb des Shared-Service-Centers. Hinsichtlich der Gestaltung der Services und der Zusammenarbeit gewährleistet die Vereinbarung eine hohe Flexibilität.

Durch dieses wertgetriebene Modell, das auf einem quantitativen, durchstrukturierten Geschäftsplan basiert, ist es möglich, deutlich schneller von den Vorteilen eines Shared-Service-Centers zu profitieren und dabei das Investitionsrisiko maßgeblich zu senken. Bei Thomas Cook UK verbesserte sich die Liquidität und die Bilanz in entscheidenden Maße. Zudem konnten die frei werdenden Mittel sofort in weitere Systemprojekte reinvestiert werden. Auch die administrativen Aufgaben wurden sehr schnell zentralisiert und mit einem einheitlichen Informationssystem unterlegt.

Den Erfolg realisieren

Für Thomas Cook UK hatte die Errichtung eines flexiblen, hochleistungsfähigen und kosteneffizienten Shared-Service-Centers in Peterborough, England, die höchste Priorität.

Wesentlicher Bestandteil der Lösung war die Entwicklung einer einheitlichen, integrierten SAP-Plattform, um das Rechnungs- und Personalwesen, die IT sowie andere Projektaufgaben schnellstmöglich unter einem Dach zu bündeln. Das Ergebnis war eine gemeinsame „Sprache": Eine einheitliche Technologie und Struktur für das gesamte Berichtswesen.

Dies macht es nun möglich, die Geschäftsaktivitäten auf der Basis einheitlicher Informationen und einer einzigen einheitlichen Gewinn- und Verlustrechnung genau zu bewerten.

Die Entscheidung für SAP beruhte unter anderem auf der Tatsache, daß eine Vielzahl der operativen Aufgaben in den Länderbüros bereits erfolgreich auf dieser Plattform liefen. Zugleich sollte eine Vereinheitlichung und Konsolidierung der verschiedenen SAP-Anwendungen und -Versionen bei Thomas Cook in Europa erfolgen. Der Partner brachte dabei Ressourcen und Kompetenzen im Shared Services- und SAP-Bereich gezielt und umfassend ein – und verringerte damit die Risiken, die mit einer geographischen, funktionellen und ökonomischen Expansion verbunden sind.

Durch Co-Sourcing konnte sich Thomas Cook UK wieder mit aller Kraft auf das Touristikgeschäft und damit auf sein Kerngeschäft konzentrieren.

Bereits mit Beginn der Kooperation konnten um die 140 Millionen Pfund Einsparungen realisiert und schon zwölf Monate später beträchtliche Gewinne verzeichnet werden. Von der SAP-Implementierung bis zum Wiedereintritt in die Gewinnzone vergingen knapp 16 Monate.

Eine neue Unternehmenskultur schaffen

Eine sensibles Thema im Rahmen dieses Projektes war der Transfer der betroffenen Thomas Cook-Mitarbeiter an den Standort Peterborough und in die neue Rechtsform mit dem Partner.

Keiner der vorherigen Eigentümer von Thomas Cook UK hatte je Shareholder Value-Kriterien oder Corporate-Identity-Ideen in das Unternehmen eingebracht. Die Thomas Cook-Mitarbeiter identifizierten sich zwar mit ihren Geschäftsbereichen – nicht aber mit dem Unternehmen als ganzem. Diese langjährig vorherrschende Unternehmenskultur in eine wettbewerbsorientierte Haltung zu verwandeln, war eine schwierige Aufgabe. Wie zu erwarten, waren die Beschäftigten über die Konsequenzen der Umstrukturierung zunächst sehr besorgt.

Für die Mitarbeiter bedeutete dieser Schritt den Eintritt in eine ganz neue Unternehmenskultur: Seit der Neuordnung erleben aber diejenigen, die ins Shared-Service-Center wechselten, eine für sie neue Wertschätzung ihrer Tätigkeit: Während Back-Office-Aufgaben zuvor nur wenig Ansehen genossen haben, gelten sie heute als Schlüssel zum Unternehmenserfolg.

Die erfolgreiche Transformation macht deutlich, daß die Chemie zwischen den Partnern stimmen muß. Die Gestaltung der passenden Unternehmenskultur („Cultural Fit") wurde zu einer weiteren Erfolgsmeßgröße für die Leistungen des Partners. Das Thomas Cook-Management ist überzeugt, daß die umfangreichen Veränderungen ohne die Hilfe des externen Partners nie so problemlos und erfolgreich hätten bewältigt werden können.

Innovatives Denken

Marktpotentiale erkennen und erschließen, mit dem Shared-Service-Center zusätzliche Profite erwirtschaften oder neue Technologien (z.B. RFID – Radiofrequenz-Identifikation) nutzbar zu machen: Thomas Cook stellt hohe Erwartungen an die Innovationskraft des ausgewählten Partners und knüpft – über eine von vier Erfolgskennzahlen – auch die vereinbarte Vergütung an den Faktor Innovation.

Auf diese Weise will man Marktchancen frühzeitig erkennen und auch den Wettbewerbern stets einen Schritt voraus sein. Gemeinsam mit dem Partner werden Strategien entwickelt, um das „me-too"-Niveau zu überwinden und innovative Geschäftsmodelle für die Touristik einzuführen.

Die niedrigsten Kosten der Branche

So gelang es Thomas Cook UK innerhalb von nur einem Jahr, das Unternehmen grundlegend zu restrukturieren und ein innovatives Geschäftsprozeßmodell umzusetzen. Die operativen Aufgaben wurden optimiert, die Kosten um 83 Millionen Pfund reduziert, die Profitabilität nachhaltig gesteigert. Durch die Co-Sourcing-Lösung konnten wieder positive Unternehmensergebnissen erzielt werden. Im Jahr 2002 waren es 36 Millionen Pfund.

Das Co-Sourcing-Modell kombiniert die Stärken beider Partner und schafft Werte, die über finanzielle Erfolge und strukturelle Transparenz hinausgehen. Es ermöglicht Thomas Cook, das Tagesgeschäft kundenorientierter zu gestalten, weil die Mitarbeiter weniger Zeit mit administrativen Aufgaben verbringen müssen. Das Unternehmen ist flexibler und kann schneller auf veränderte Marktbedingungen reagieren. So arbeitet Thomas Cook UK heute mit den niedrigsten Kosten der Branche, was seine Wettbewerbsposition deutlich stärkt.

Im weiteren Verlauf der Partnerschaft sollen das Leistungsniveau weiter erhöht, die Kosten nochmals gesenkt, die Services nachhaltig optimiert und zusätzliche Funktionalitäten in das SAP-System integriert werden, um so die Gewinne dauerhaft zu steigern.

Outsourcing des Back-Office eines Lebensversicherers

Olav Noack

Industrieumfeld – Rolle des Unternehmens

UBS gehört zu den global führenden Finanzdienstleistern. Der Konzern verbindet Innovations- und Finanzkraft mit einer internationalen Unternehmenskultur, die Veränderungen als Chance begreift.

UBS ist die größte Anbieterin von Wealth-Management-Dienstleistungen für wohlhabende Privatkunden weltweit. Im Investment Banking und im Wertschriftengeschäft belegt sie einen Spitzenplatz. UBS ist einer der größten Vermögensverwalter weltweit und die Nummer eins im Privat- und Firmenkundengeschäft in der Schweiz. Die beiden Hauptsitze sind Zürich und Basel. UBS ist mit knapp 67.000 Mitarbeitern in über 50 Ländern und an allen wichtigen Finanzplätzen der Welt präsent.

Herausforderung für das Unternehmen

Um das Wealth-Management-Angebot von UBS im Rahmen der European-Wealth-Management-Initiative zu ergänzen, prüfte UBS, wie den europäischen Private Banking-Kunden Lebensversicherungsprodukte angeboten werden können.

In der Schweiz verfügt die UBS bereits über eine eigene Lebensversicherungsgesellschaft, die UBS Life in Zürich. Diese ist jedoch vornehmlich im Bereich der Affluent Kunden tätig. In den anderen europäischen Ländern wurde das Lebensversicherungsgeschäft nur vereinzelt mit Kooperationspartnern betrieben. Philosophie von UBS ist, seinen Kunden bei den Versicherungsprodukten ausschließlich Lebensversicherungen und Risikoprodukte anzubieten. Sie dienen der Vermögensbildung und der finanziellen Vorsorge und gehören deshalb aus Sicht der UBS als Ergänzung der Bankprodukte zu einer umfassenden Vermögensstrategie für viele Kunden. Als integrierter Finanzdienstleistungskonzern konzentriert sich UBS auf Versicherungsprodukte aus den Bereichen Vermögensbildung und finanzielle Vorsorge. UBS verfolgt keine Allfinanzstrategie in dem Sinn, daß sämtliche Versicherungsprodukte, also auch Nichtleben- und Sachversicherungen, angeboten werden.

Die aktuelle Markt- und Wettbewerbssituation bot die Chance, das Lebensversicherungsgeschäft in Europa verstärkt auszubauen. Ziel war es, Lebensversicherungsprodukte so in die bestehende Produktpalette und den Beratungsprozeß der UBS zu integrieren, daß die Vorteile der bestehenden Anlageprodukte und der Lebensversicherung zusammen genutzt werden konnten. Hierfür eignet sich besonders die fondsgebundene Lebensversicherung. Sie bietet für den Kunden vor allem Vorteile im Hinblick auf die flexible Gestaltung der Vermögensplanung in räumlicher und zeitlicher Hinsicht und/oder im Hinblick auf die Berücksichtigung steuerrechtlicher Aspekte, um hier nur zwei wichtige Aspekte zu nennen.

Vor diesem Hintergrund galt es nun eine Lösung zu finden, die

- eine flexible Gestaltung innerhalb der Lebensversicherung erlaubte,
- kostengünstig zu produzieren war,
- eine schnelle Markteinführung ermöglichte,
- möglichst einheitlich in den europäischen Kernmärkten Deutschland, Italien, Frankreich und Spanien einsetzbar war.

Um diese Vorgaben zu erfüllen, wurden drei unterschiedliche Konzepte der Umsetzung untersucht:

1. die Zusammenarbeit mit einem bereits am Markt etablierten Versicherungspartner,

2. die Eigengründung und der Eigenbetrieb eines Versicherungsunternehmens,

3. die Eigengründung eines Versicherungsunternehmens und das Outsourcing des Betriebes an einen Third-Party Administrator oder einen anderen Dienstleister.

Alle drei Varianten bieten spezifische Vor- und Nachteile. Die Zusammenarbeit mit einem bereits am Markt agierenden Unternehmen hätte z.B. den Vorteil, daß auf bestehende Produkte zurückgegriffen werden kann. Allerdings ist das Interesse eines Versicherungsunternehmens am Vertrieb seiner Produkte über Dritte – ohne zumindest teilweise das Management der Assets mit übernehmen zu können – vergleichsweise gering. Zudem stellte sich die Herausforderung, einen Versicherungspartner zu finden, mit dem die UBS in allen Ländern koordiniert zusammenarbeiten kann.

Die Gründung und der Betrieb eines eigenen Versicherungsunternehmens bietet demgegenüber eine Reihe von Vorteilen, da aufgrund der EU-Liberalisierung kaum Einschränkungen in der regionalen Geschäftstätigkeit existieren und Interessenkonflikte nicht entstehen können. Auf der anderen Seite wären durch den Aufbau eines eigenen Betriebes eine Reihe von zusätzlichen Schwierigkeiten entstanden. So hätte neben dem nötigen Know-how vor allem eine geeignete Infrastruktur aufgebaut werden müssen. Hinzu kam, daß das Lebensversicherungsgeschäft eine paßgenaue Ergänzung für das bestehende Geschäft der UBS darstellen soll, die Administration von Lebensversicherungen jedoch sicher kein Kerngeschäft der UBS im Wealth Management ist.

Die dritte Alternative bot die Chance, die Vorteile einer Eigengründung, also die Kontrolle über die Produktgestaltung und die anzulegenden Gelder, mit den Vorteilen eines etablierten Betriebes in den Bereichen Infrastruktur, Kostenposition und Prozeßeffizienz zu verbinden und dabei insbesondere die planmäßige Einführung der Gesellschaft und Produkte sicherzustellen.

Sourcing als Alternative

Die UBS entschloß sich daher für die dritte der genannten Alternativen. So wurde ein Lebensversicherer (UBS International Life) mit Sitz in Irland gegründet, der aufgrund der EU-Richtlinien von dort aus in den übrigen EU-Ländern operieren kann. Der Betrieb, d.h. alle versicherungsrelevanten Vorgänge bis auf die Produktentwicklung, das Underwriting und die Rückversicherung der gezeichneten Risiken sollten in die Hand eines Dienstleisters gegeben werden.

An diesen Dienstleister wurden aufgrund der spezifischen Situation besondere Ansprüche gestellt:

- Er sollte über eine internationale Ausrichtung verfügen, um das Geschäft in den vier europäischen Ländern abwickeln zu können.

- Er sollte über eine existierende Organisation verfügen, so daß die UBS von der bestehenden Infrastruktur und dem Prozeß-Know-how profitiert.

- Er sollte eine schnelle Markteinführung garantieren.

- Er sollte in der Lage sein, die Verwaltung der Verträge auf Stück- und nicht auf Asset-Basis abzurechnen.

- Er sollte eine ausreichende Flexibilität in der Gestaltung der Vertragslaufzeit bieten.

Darüber hinaus war es für die UBS von besonderer Bedeutung, einen Anbieter zu finden, der nicht nur das Outsourcing durchführen konnte, sondern der in der Lage war, dem Unternehmen während des gesamten Prozesses der Gründung und des Aufbaus als kompetenter Partner zur Seite zu stehen. Angesichts des Marktsegmentes vermögender Privatkunden und der Position der UBS als globales Finanzdienstleistungsunternehmen war es zusätzlich sehr wichtig, einen auch über einen längeren Zeitraum zuverlässigen und finanziell soliden Partner zu finden.

Aus diesen Gründen wurde der Betrieb von UBS International Life an die Accenture Insurance Services (ACIS) in den Niederlanden ausgelagert, einem Geschäftsbereich von Accenture. ACIS verfügte über ein funktionsfähiges Back-Office, welches bereits für zwei weitere Versicherer tätig war. So konnte die Infrastruktur mit überschaubarem Aufwand an die Bedürfnisse der UBS angepaßt werden. Auch das notwendige Know-how war vorhanden. Zudem bot ACIS der UBS die Möglichkeit der stückzahlgemäßen anstatt einer prämiengebundenen Abrechnung, d.h. die UBS International Life konnte die nahezu vollkommene Variabilisierung der Kosten verwirklichen. Darüber hinaus ist ACIS Bestandteil eines weltweit tätigen Unternehmens, welches das Maß an Internationalität und finanzieller Solidität bot, das für die UBS notwendig war.

ACIS übernimmt heute für die UBS International Life die Antrags-, Bestands- und Leistungsbearbeitung sowie die IT-Verwaltung im Rahmen von festgelegten Service-Level-Agreements (SLA). Bei der UBS International Life verbleiben die Produktentwicklung, das finale Underwriting, die Policenerstellung und die Definition von Annahmekriterien, Rechnungswesen und Controlling, die Koordination des Vertriebs der Produkte sowie die Rückversicherung. Die Gründung der UBS International Life und der Aufbau der Organisation und Prozesse des Unternehmens wurden von Beratern von Accenture begleitet, die insbesondere beim Aufbau der Projektorganisation und in der Prozeßdefinition unterstützend tätig waren.

Auf diese Weise entstand ein virtuelles pan-europäisches Geschäftsmodell. Eine Bank mit Hauptsitz in der Schweiz gründet ein Lebensversicherungsunternehmen in Irland, dessen Produkte in Deutschland, Italien, Frankreich und Spanien angeboten werden.

Da ACIS bereits über eine erprobte Technologie verfügt, wurde im Projekt eine extrem kurze time-to-market erreicht. Nur sechs Monate nach Projektstart, konnten die ersten Policen in Italien verkauft werden. Nach einem Monat folgte Deutschland, die beiden restlichen Märkte wurden innerhalb von weiteren drei Monaten an die Systeme angeschlossen.

Die Erfahrungen

Wie jedes andere Projekt auch brachte die Gründung der UBS International Life einige Reihe wichtiger Erkenntnisse für die Praxis:

- Entgegen der allgemeinen Auffassung bedeutet Outsourcing nicht „Aus dem Auge aus dem Sinn". Gerade in der Anfangszeit entstand für beide Partner ein beträchtlicher Aufwand bei einer Reihe von Tätigkeiten. Gemeinsame Prozesse mußten definiert werden, Produktspezifikationen für die IT wurden erarbeitet und insbesondere der Bereich der Service-Level-Agreements kostete viel Zeit. Diese Bereiche sollten vorher in der Planung mit dem Outsourcing-Partner berücksichtigt und budgetiert werden.

- So früh wie möglich sollte ein erfahrener Ansprechpartner im Unternehmen für die Zusammenarbeit mit dem Outsourcing-Partner definiert werden. Seine Aufgabe besteht vor allem in der Anfangszeit in der Koordination der Arbeiten des Dienstleisters, aber auch in der Bündelung sämtlicher Informationsflüsse zu und vom Dienstleister. Nach Beginn des Betriebes ist dieser der direkte Ansprechpartner des Dienstleisters für alle operativen Fragen des Tagesgeschäftes aber auch für alle anderen Probleme und Schwierigkeiten, die auftauchen. Darüber hinaus ist er für das laufende Monitoring und die Einhaltung der SLA durch den Dienstleister verantwortlich.

- Sehr viel aufwendiger als vorher angenommen ist die Ausgestaltung des Vertragswerkes. Neben der Tatsache, daß eine Laufzeit von mehreren Jahren eingeplant werden muß, sind es vor allem die Themenbereiche Governance sowie Steuern und Recht, die nicht nur viel Zeit in Anspruch nehmen, sondern auch der Einbindung einer Vielzahl von Experten bedürfen. Dies gilt um so mehr, wenn es sich um ein grenzüberschreitendes Modell in einem regulierten Mark

Die Rallye-Weltmeisterschaft fordert die Neuen Medien heraus

Basierend auf einem Interview mit David Richards, 2002

Mit 14 Veranstaltungen findet die FIA Rallye-Weltmeisterschaft (FIA World Rallye Championship, FIA WRC) zwischen Januar und November auf vier Kontinenten statt. Die Tour beginnt in den Bergen von Monaco, wird über Argentinien und Australien fortgesetzt, zwingt die Fahrer durch extreme Landschaften – das Eis von Schweden und die Hitze von Kenia – und endet mit einem dramatischen Finale in den sumpfigen Wäldern Großbritanniens. Der Wettbewerb fesselt so sehr, daß die FIA WRC weltweit der am stärksten wachsende Bereich im Motorsport geworden ist.

Dabei sind die Fans der FIA WRC genauso engagiert wie die Fahrer selbst, denen sie hinterher reisen. Zu den Veranstaltungen kommen mehr als neun Millionen Besucher. Im Fernsehen zieht sie rund 4,8 Milliarden Zuschauer in 186 Ländern an.

Das Vermarktungspotential der FIA Rallye-Weltmeisterschaft ist groß. Die Fernseh- und Markenrechte hat sich International Sportworld Communications (ISC) gesichert. Das Unternehmen mit Sitz in London hat mit einigen Fernsehstationen Schlüsselpartnerschaften ausgehandelt, um die Berichterstattung zur Hauptsendezeit zu erweitern. Darüber hinaus wurde zusammen mit Sony ein offizielles FIA WRC-Spiel für die PlayStation 2 entwickelt.

Neue Medien

Was fehlte war eine Strategie, die auch die Neuen Medien und innovative Technologien stärker einbezog, um so die Marke FIA WRC weiter auszubauen. ISC ging daher eine Partnerschaft mit einer internationalen Unternehmensberatung ein. Ziel war es, die Entwicklung der Lösungen im Bereich Neue Medien auszulagern und extern betreiben zu lassen. Zu den ersten Aufgaben des Kooperationspartners zählte die Überarbeitung der FIA WRC-Website. Zum einen war die alte Website zu unmodern, zum anderen wurden der Content von Dritten zur Verfügung gestellt – ISC hatte also nur wenig Kontrolle über die Inhalte.

Auf der neuen Website sollten die Fans die Rennen in Echtzeit erleben. Es galt, der Zielgruppe der 16- bis 35jährigen die FIA Rallye-Weltmeisterschaft möglichst unterhaltsam, informativ und interaktiv zu präsentieren. Was die technischen Anforderungen betraf, sollten die Inhalte und Anwendungen auch per SMS oder mobile Endgeräte übermittelt werden können. Zusätzlich sollten auch Videosequenzen, Online-Wettbewerbe, Spiele und Wetten angeboten werden.

Eine Marke im Internet

Gemeinsam mit dem Partner wurde zunächst eine Strategie für den Bereich Neue Medien entwickelt, um eine konsistente und integrierte Markenführung auf allen operativen Medienplattformen der FIA WRC zu garantieren. Im Rahmen dieser Strategie wurde definiert, wie das wirtschaftliche Potential, also die Einnahmen der Website, durch die Ausnutzung vorhandener Allianzen mit verschiedenen Partnern optimiert werden könnte. Zu den Partnern gehören Teams, Hersteller, Veranstalter, Sponsoren sowie Unternehmen im Bereich Neue Medien und Technologie.

Innerhalb dieser Kampagne sollte die FIA WRC-Website, deren Inhalte ISC selbst aktualisieren würde, das Flaggschiff darstellen. Die Website würde den Nachrichtenverkehr von Partnern hosten, zum Beispiel von Sponsoren, Rundfunk- und Fernsehanstalten sowie professionellen Content-Anbietern Die Zuschauer sollten mit dem virtuellen Erlebnis der Rennen direkt angesprochen werden. Zudem sollte die Website das Gemeinschaftsgefühl der FIA WRC-Fans fördern und potentielle Fans an die FIA WRC zu binden, die die Website anklicken, nachdem sie die Fernsehberichterstattung oder das Spiel auf der Sony PlayStation 2 gesehen haben. Die Grafik und Ansprache sollte daher an die anderen FIA WRC-Medienkanäle Rundfunk und Fernsehen, Print und Spiele angeglichen werden. Die Plattform sollte so skalierbar und flexibel zu handhaben sein, daß sie mit dem prognostizierten Wachstum der FIA WRC mithalten könnte.

Zusätzlich zu einem knappen Zeitrahmen für die Umsetzung, waren die Anforderungen an die funktionale und technische Gestaltung sehr hoch. Die Website sollte zwar ganzjährig erreichbar sein, doch ein

Großteil der Zugriffe (95 Prozent) erwartete man in der Zeit der 14 dreitägigen Veranstaltungen. Für diesen Zweck benötigte ISC eine Plattform, die auch zu Zeiten hoher Belastung stabil war.

Die Ziellinie

In nur zehn Wochen gestaltete und implementierte ISC gemeinsam mit dem ausgewählten Sourcing-Partner eine FIA WRC-Website, die auf der neuesten Web-Technologie basiert. Lange bevor die FIA WRC-Saison 2002 losging, war die Website fertig gestellt und auch unter verschärften Bedingungen getestet.

So war auch der Start der Website während der ersten Veranstaltung in Monte Carlo ein großer Erfolg. Die Zahl der Website-Besucher übertraf alle Erwartungen. Mehr als 1,5 Millionen Seiten wurden von hunderttausenden Usern aufgerufen. Mit durchschnittlich 20 Minuten pro Besuch auf der Website wurde eine sehr hohe Nutzungsdauer festgestellt. Auch ein testweise eingeführtes Internet-Radio zur Rallye verzeichnete unerwartet hohe Einschaltquoten. Dieser Service bot während der dreitägigen Veranstaltung rund um die Uhr live gesendete Webberichte an. Die Informationen des Senders wurden alle 15 Minuten aktualisiert.

Im Jahr 2003 entwickelte der Partner darüber hinaus ein System, über das die Fans zu zahlenden Kunden gemacht werden konnten. Das Team realisierte eine Methode, mit dem gestaffelte Zeiten *(split times)* aufgezeichnet und gesendet werden. Fans können über dieses System online Wetten abschließen und lizenzierte Produkte bestellen. Diese Neuerungen wurden gut angenommen: Die Zahl der Besucher wuchs um weitere 200 Prozent. Geschätzte sechs bis acht Millionen Besucher verweilen im Durchschnitt 25 Minuten auf der Website. Es zeichnet sich bereits heute ein beträchtliches Einnahmenpotential für das Steuerjahr 2004 ab.

Erfolgreiche internationale Outsourcing-Projekte

Fallbeispiel I: AT&T

AT&T ist eines der weltweit führenden Kommunikationsunternehmen für Sprache, Video und Daten. Bei einem Umsatz von 37 Milliarden US-Dollar im abgelaufenen Geschäftsjahr, versorgt AT&T über 40 Millionen Haushalte und circa vier Millionen Geschäftskunden mit Dienstleistungen im Kommunikationsbereich. AT&T gliedert sich in drei Geschäftsbereiche: das Endkundengeschäft (AT&T Consumer), der Bereich Geschäftskunden (AT&T Business) und die mobile Kommunikation (AT&T Mobile).

Die Herausforderung

AT&T Consumer bietet Endkunden eine breite Palette von Kommunikationsangeboten. Zum Angebot zählt unter anderem der Vertrieb von Prepaid-Telefonkarten. In den vergangenen Jahren ist das Prepaid-Geschäft von AT&T stark gewachsen, woraus sich in zunehmenden Maß operationale Herausforderungen ergeben. Während die Bereitstellung von Telekommunikationsdienstleistungen zu den Kernkompetenzen des Unternehmens zählt, fehlt es am notwendigen Know-how im Bereich der zunehmend komplexen Lieferlogistik (Supply Chain Management). Das Unternehmen entschied sich daher dafür, das gesamte Supply Chain Management, also die Lieferung der Prepaid-Karten an Einzel- und Großhändler, an einen externen Dienstleister auszulagern. Ziel war dabei die Steigerung der Unternehmensleistung und der betrieblichen Effizienz sowie Einsparungen bei den operativen Kosten.

Das Outsourcing-Modell

In Zusammenarbeit mit Accenture wurde ein Modell für eine kundenorientierte Lieferkette erarbeitet. In diesem Modell werden sämtliche Prozesse entlang der Lieferkette zusammengeführt und integriert. Eine Abteilung ist nun für das komplette Management entlang der Lieferkette eines Kunden verantwortlich. In diesem Punkt unterscheidet sich das neue System deutlich vom Vorgängermodell, bei dem die Verantwortung für einzelne Funktionen bei einer Vielzahl von Personen und Abteilungen lag. Die neue Strategie ist der Schlüssel zur grundlegenden Umgestaltung des Lieferprozesses im Bereich Prepaid. Nach der Überarbeitung des Lieferprozesses wurde das neue Modell auch auf den Bereich der Lagerlogistik ausgeweitet. Alle Entscheidungen, die die Beschaffung betreffen und sich auf die Kosten der Lagerhaltung oder andere Abläufe innerhalb der Lieferkette auswirken, wurden zusammengeführt. Dadurch wurden die Entscheidungsprozesse erheblich vereinfacht; außerdem wurden die Kosten gesenkt und der Service verbessert.

Für die Produktion der Prepaid-Karten wurde ein strategisches Sourcing implementiert. Durch vertraglich bindende Vorgaben wird ein verbessertes Serviceniveau garantiert. Die Erreichung des Servicegrades wird dabei permanent gemessen und evaluiert. So kann in regelmäßigen Abständen überprüft werden, ob die neuen Logistikprozesse die hohen Vorgaben erfüllen.

Obwohl die Neuerungen noch relativ frisch sind, sind erste Verbesserungen bereits spürbar: Die Produktionskosten der Prepaid-Karten wurden um 15 Prozent gesenkt. Darüber hinaus verbesserte das Unternehmen seine Produktivität im Bereich der Lagerhaltung um 25 Prozent. Die Lagerbestände für Rohstoffe wurden dabei um 25 Prozent reduziert. Die Umstellungen erfolgten reibungslos, ohne die Servicequalität für den Kunden zu beeinträchtigen.

Fallbeispiel II: Avaya

Avaya ist der größte Anbieter von Sprachkommunikationssystemen in den Vereinigten Staaten. Das Unternehmen ist seit dem Spin-off von Lucent Technologies im Jahre 2000 unabhängig und an der New Yorker Börse notiert. Weltweit nimmt das Unternehmen den zweiten Platz ein. Mehr als eine Million Unternehmen, darunter 90 Prozent der Fortune-500-Unternehmen, greifen auf die Lösungen und Dienstleistungen von Avaya zurück.

Die Herausforderung

Avaya hatte einen sehr ehrgeizigen Zeitplan für die Einführung neuer Produkte. Die dezentral organisierte Fortbildungsabteilung war kaum in der Lage, die mit der beschleunigten Produkteinführung zusammenhängenden Weiterbildungsanforderungen zu erfüllen. Zudem fehlte es an einem strategischen Konzept zur effizienten Organisation und Steuerung des Weiterbildungsbereichs. So wurde der Erfolg der Fortbildungsmaßnahmen anhand der Zahl der absolvierten Kurse gemessen und nicht auf Basis der erworbenen Fähigkeiten. 70 Prozent aller Kurse wurden vor Ort durch spezialisierte Lehrkräfte durchgeführt, was mit erheblichen Kosten (unter anderem für die Anreise und Unterbringung) und hohem Zeitaufwand verbunden war.

Das Outsourcing-Modell

Das Unternehmen entschied sich daher, die Leitung des Weiterbildungsbereichs (der sogenannten „Avaya University") an einen externen Dienstleister zu übertragen. Im Rahmen eines mehrjährigen Vertrags übernimmt Accenture, die Organisation aller Fortbildungsmaßnahmen für Avaya. Accenture ist damit für mehr als 1.800 produktbezogene, technische und betriebswirtschaftliche Kurse für Beschäftigte, Kunden und Vertriebspartner von Avaya in mehr als 90 Ländern zuständig. Die Kurse werden zunehmend mit Hilfe von E-Learning-Technologien in virtuellen Kursen abgehalten. Hinzu kommt die Fortbildung im Unterrichtsraum und im Labor. In Zukunft soll die Bedeutung von E-Learning-Maßnahmen noch weiter zunehmen. Vor der Auslagerung wurden 70 Prozent aller Unterrichtseinheiten von Lehrkräften vor Ort abgehalten. In fünf Jahren sollen dagegen 70 Prozent aller Kurse per E-Learning durchgeführt werden.

Bereits im ersten Jahr hat sich die Outsourcing-Strategie für Avaya ausgezahlt. Durch die bessere Abstimmung der Unternehmensbereiche Produktentwicklung und Fortbildung werden Fortbildungsmaßnahmen für Verkauf, Support, Service und Vertriebspartner nun parallel zur Markteinführung neuer Produkte durchgeführt.

Nach nur sechs Monaten waren die Veränderungen umgesetzt und mehr als 50.000 Lernende, darunter Kunden und Vertriebspartner, nahmen an den Fortbildungsmaßnahmen teil. Die Lehrpläne wurden neu strukturiert, so daß die Dauer einiger Kurse um bis zu 60 Prozent verkürzt werden konnte, bei gleichbleibendem Lernerfolg der Teilnehmer.

Fallbeispiel III: Rhodia

Für das in Paris ansässige Unternehmen Rhodia, ein führender Hersteller von Feinchemikalien, war die Situation auf dem Chemiemarkt in den vergangenen Jahren nicht erfreulich. Wie seine Wettbewerber mußte auch Rhodia mit einem Jahresumsatz von 6,6 Milliarden US-Dollar erleben, wie seine Gewinne wegschmolzen und der Aktienkurs fiel, weil die Rohstoffkosten stiegen. Der Markt hatte mit Überkapazitäten zu kämpfen, und die Nachfrage nach chemischen Produkten sank. Die Lage wurde noch schwieriger, weil die Strategie des Wachstums durch Übernahmen, die Rhodia verfolgte, dem Unternehmen relativ hohe Fixkosten eingebracht hatte. Um wettbewerbsfähig zu bleiben, mußte rasch gehandelt werden, drastische Änderungen waren unumgänglich. So wurde ein großangelegtes Programm gestartet, durch das Rhodia effizienter werden sollten. Mehrere Initiativen wurden vorgelegt, von denen die radikalste eine komplette Umgestaltung des europäischen Finanzbereichs des Unternehmens beinhaltete. Nach Jahren der Fusionen und Übernahmen war Rhodias Finanzbereich über mehr als 60 Standorte in sieben europäischen Ländern von Spanien bis in die Slowakei verstreut. Er bestand aus drei Enterprise Resource Planning (ERP)-Systemen, acht verschiedenen SAP-Plattformen und zwölf unterschiedlichen Einkaufssystemen.

Die Transformierung des Finanzbereichs stellte eine beachtliche Herausforderung dar. Sorge bereitete vor allem die Finanzierung der Umstrukturierungsmaßnahmen. Wie könnte man den Finanzbereich konsolidieren, betriebliche Prozesse verschlanken, Kosten sparen und die Effektivität steigern, ohne riesige Summen in die Umgestaltung von Geschäftsprozessen oder Systemerneuerungen zu investieren?

Rhodia beschloß, den kompletten Finanzbereich an einen externen Dienstleister zu vergeben, und ist damit das erste mitteleuropäische Unternehmen, das einen bedeutenden Verwaltungsbereich auslagerte.

Eine schwierige Entscheidung

Die Auslagerung war nicht die einzige Option. Zunächst wurden auch Überlegungen angestellt, den Finanzbereich zu einem internen Gemeinschafts-Service-Center zu konsolidieren. Dies erwies sich jedoch als ungeeignet. Bei so vielen unterschiedlichen Systemen hätten die Kosten für die Integration jeden Produktivitätsgewinn zunichte gemacht.

Einige Firmen außerhalb Europas hatten bereits Erfahrungen mit der Auslagerung von Unternehmensbereichen gemacht und damit beachtliche Nutzeffekte, wie Kostensenkung und Leistungssteigerung in strategischen Support-Bereichen, erzielt. Diese Lösung ermöglichte es den Unternehmen, sich auf ihre Kernaktivitäten zu konzentrieren, die Kosten und Service-Levels präzise vorherzusagen sowie Ressourcen rasch zu verringern oder zu erweitern, um sich an veränderte geschäftliche Erfordernisse anzupassen. Trotzdem machte sich Rhodia die Entscheidung für die Auslagerung des Finanzbereichs nicht leicht. Vor allem soziale Aspekte spielten bei den Überlegungen eine Rolle. Man befürchtete, daß strengere Arbeitsbestimmungen zu Widerständen gegen das Management führen würden, und rechnete mit Gegenmaßnahmen der Gewerkschaften. Einige Manager hatten auch Bedenken, daß man als Folge der Auslagerung einen Kontrollverlust in Kauf nehmen riskierte.

Der richtige Lösungsanbieter

Das Unternehmen erkannte, daß der Erfolg seiner Auslagerungsvision sowohl zu einem Großteil davon abhängen würde, sich mit dem richtigen Lösungsanbieter zusammenzuschließen, als auch davon, einen ebenso kostengünstigen wie ressourcenstarken Standort für eine konsolidierte Finanzabteilung zu finden. Nachdem Rhodia mehrere mögliche Auslagerungspartner in Erwägung gezogen hatte, erhielt Accenture den Zuschlag. Die Unternehmensberatung stimmte einem sechseinhalbjährigen Auslagerungsvertrag zu, der sowohl einen Festpreis als auch einen leistungsabhängigen Vergütungsplan umfaßt, der Accenture auf der Basis der erzielten kontinuierlichen Prozeßoptimierungen entlohnt: also eine Art Bonus auf der Basis der realisierten Kostendämpfungen und verbesserten Service-Levels.

Darüber hinaus mußte ein geeigneter Standort für die auszulagernde Finanzabteilung gefunden werden. Rhodia hatte seinen Blickwinkel speziell auf Mitteleuropa gerichtet, wo die Arbeitskosten, die bis zu 60

Prozent der Gesamtaufwendungen eines Gemeinschafts-Service-Centers ausmachen, bedeutend niedriger sind als in Westeuropa. So hatte Accenture überzeugende Argumente dafür, die Finanzabteilung in Prag anzusiedeln, wo die Unternehmensberatung schon seit mehr als zehn Jahren einen großen Unternehmensbereich unterhält. Das politische und wirtschaftliche Umfeld ist stabil, und auch das Bildungsniveau gilt als hoch. Prag verfügt über eine ausgezeichnete Verkehrs- und Telekommunikationsinfrastruktur und einige der europaweit kostengünstigsten Gewerbeimmobilien. Die tschechische Hauptstadt, die von allen Großstädten des Kontinents aus gut zu erreichen ist, ist somit ein perfekter Standort für ein gesamteuropäisches Service Center.

Um die Bedürfnisse von Rhodia und künftigen Kunden zu erfüllen, wurden die Serviceleistungen für Verbindlichkeiten, Forderungen, Auszahlungen und Eingänge (Liquiditätsmanagement), Kredite und Einziehungen sowie Buchführungs- und Steuerdienstleistungen in Kooperation mit Accenture in das neue Zentrum in Prag zentralisiert, wo Mitarbeiter ihre Kunden in zehn Sprachen betreuen.

Beispielloser Wissenstransfer

Es war vorauszusehen, daß die wenigsten Finanzmitarbeiter von Rhodia bereit sein würden, ihre Heimatorte zu verlassen und in die neue Prager Einrichtung umzuziehen. Die Konsolidierung und Umverlagerung des weitläufigen Finanzbereichs von Rhodia hatte daher einen Wissenstransfer von beträchtlichem Ausmaß zur Folge.

So mußten nicht nur neue Mitarbeiter eingestellt und eingearbeitet, sondern auch eine Technologie- und Telekommunikationsinfrastruktur festgelegt und implementiert werden. Eine Geschäftsprozeßauslagerung nach Mitteleuropa für die Betreuung von westeuropäischen Kunden war in dieser Größenordnung bis zu diesem Zeitpunkt einmalig. Die Arbeit von einer Vielzahl von Standorten in sieben Ländern mußte an einen neuen, weit entfernten Standort umverlagert werden. Außerdem sollte der Service-Level beibehalten, später sogar übertroffen werden.

Um dies zu ermöglichen, schlug Accenture eine Herangehensweise vor, die an die Anforderungen des Chemikalienherstellers angepaßt war: Zunächst wurden Rhodias 15 bestehende Systeme nach Prag umverlagert und im Anschluß standardisiert. Auch wenn vieles dafür sprach, den umgekehrten Weg zu gehen, also die Systeme und Prozesse zu ändern und sie anschließend zu konsolidieren, hätte dies zu hohe Kosten verursacht. Zudem hätte diese Methode mehrere Jahre in Anspruch genommen.

Da Rhodia nicht in eine Erneuerung der Geschäftsprozesse investieren wollte, sollten nur solche Prozeßänderungen vorgenommen werden, die unbedingt erforderlich waren, um das neue Finanzdienstleistungszentrum in Betrieb nehmen zu können und gleichzeitig die neue Organisation aufzubauen.

Bündelung globaler Ressourcen

Beim Aufbau der neuen Organisation in Prag konnte Accenture auf die Erfahrungen und das Know-how bereits vorhandener Zentren weltweit zurückgreifen. So halfen beispielsweise Erfahrungen und Ressourcen aus den bereits bestehenden Outsourcing-Zentren von Accenture in Aberdeen und Bedford, die Gestaltung des Flächenlayouts, des Servicemanagement und der Helpdesk-Systeme für Rhodia zu beschleunigen.

Darüber hinaus wurden Berater aus Niederlassungen in ganz Europa hinzugezogen. Zudem wurden Planstellen ausgearbeitet, die Rhodia für seine Arbeit in Prag benötigen würde. Accenture stellte etwa 170 Finanz- und Buchführungsfachleute ein, die eng mit Rhodias bestehendem Finanzteam zusammenarbeiteten. Nach einer zweiwöchigen Schulung wurden die neueingestellten Mitarbeiter den Tochtergesellschaften von Rhodia in ganz Europa zugeteilt, um dort eingearbeitet zu werden.

Insgesamt erwies sich der Prozeß des Systemtransfers aufgrund von Rhodias heterogenem Umfeld als eine große Herausforderung. So war SAP zwar das vorherrschende Hauptbuchsystem, doch die meisten von Rhodias Tochtergesellschaften, die damit arbeiteten, benutzten unterschiedliche Teilsysteme für Verbindlichkeiten- und Bestandsmanagement. Insgesamt existierten rund 25 bis 35 unterschiedliche Systeme.

Letztendlich wurde jedoch eine Finanzabteilung geschaffen, die zentral im Unternehmen positioniert ist. Rhodias Primärkunden, also die Buchhaltungsmanager, wollten einen einzigen Ansprechpartner – nicht einen Ansprechpartner für jeden Prozeß. Folglich wurde das Projekt aus Unternehmens- und nicht aus Prozeßperspektive realisiert. Jede Tochtergesellschaft von Rhodia hat nun ihren eigenen Repräsentanten in Prag. Innerhalb des Prozesses wurde die eigene Herangehensweise immer wieder selbstkritisch hinterfragt und bei Bedarf flexibel reagiert.

Wiederherstellung der Wettbewerbsfähigkeit

Der Wissenstransfer dauerte nur 14 Monate. Trotz einiger Verzögerungen und Änderungen ging der Übergang so reibungslos vonstatten, daß zehn Prozent der budgetierten Mittel gar nicht benötigt wurden.

Heute bearbeitet das Realisierungszentrum in Prag Prozesse, die früher über 60 Standorte verteilt waren. In weniger als zwei Jahren hat die Auslagerung bereits beachtliche Nutzeffekte bewirkt. Das Unternehmen hat seine Betriebskosten um 35 Prozent gesenkt und ist auf dem besten Weg, sein Kostendämpfungsziel von 42 Prozent zu erreichen. Doch durch das verschlankte Finanzmanagement werden nicht nur Kosten eingespart, sondern auch das Betriebskapital und der Cashflow optimiert. Auch der Zugang des Unternehmens zu pünktlichen Finanzinformationen wurde verbessert. Dies hilft dem Unternehmen, bessere und schnellere Entscheidungen zu treffen. Die Ergebnisse haben die Mache des Magazins „Outsourcing Journal" so beeindruckt, daß sie dem Rhodia-Accenture-Projekt den prestigeträchtigen Most Strategic Partnership Award 2003 verliehen. Durch die Wiederherstellung der Effizienz seines Finanzbereichs hat Rhodia einen großen Fortschritt auf dem Weg zur Verbesserung seiner Wettbewerbstüchtigkeit erzielt. Der Erfolg ist auch auf die guten Arbeitsbeziehungen der beiden Unternehmen zurückzuführen, die zwar vertraglich geregelt, letztlich aber auf gegenseitigem Vertrauen basieren.

Fallbeispiel IV: Thames Water

Als größter Wasserversorger in Großbritannien beliefert Thames Water zwölf Millionen Kunden in der Region London und Thames Valley – ein Gebiet von 12.950 Quadratkilometern. Um die Wasser- und Abwassermanagementsysteme für alle diese Kunden in einem einwandfreien Zustand zu halten, benötigt Thames Water Rohre, Ventile, Pumpen und Tanks – über 5.000 verschiedene Artikel – in ständiger Bereitschaft.

Als ein privatwirtschaftliches Unternehmen in einer stark regulierten Branche steht auch Thames Water unter dem Druck, Kosten zu reduzieren. Für das Management eine „Quadratur des Kreises": Auf der einen Seite will man Kosten dämpfen, auf der anderen Seite die nichtregulierten Geschäftsinteressen weiter ausbauen.

Eine unkonventionelle Lösung

Im Jahr 1995 entschloß sich das Management von Thames Water, seine gesamte Lieferkette einschließlich der Lagerhaltung auszulagern, um seine Marktreichweite zu erhöhen. Das Unternehmen schloß einen Outsourcing-Vertrag mit Accenture ab. Durch die Gründung eines Joint Venture, das unter dem Namen Connect 2020 bekannt werden sollte, wollten beide Unternehmen ein völlig neues Outsourcing-Modell schaffen, das auf Zusammenarbeit basieren sollte. Das gemeinsame Vorhaben von so unterschiedlichen Unternehmen wie Accenture und Thames Water galt als ambitioniert und ungewöhnlich. Für Versorgungsunternehmen im allgemeinen und für Thames Water im besonderen war die Geschäftspraxis etwas ganz und gar Neues, denn die Lieferkette zählt in gewisser Weise zum Herzstück des Versorgungsgeschäfts.

Das Projekt stellte beide Partner vor einige Herausforderungen. So mußten beispielsweise die Lkw-Fahrer, die für das Lagerdistributionsnetz von Thames Water unverzichtbar waren, in die dynamische und anspruchsvolle Unternehmenskultur eines typischen Management Consulting-Konzerns eingegliedert werden.

Auf einem neuen Kurs

Die Zusammenarbeit zwischen Accenture und Thames Water geht auf das Jahr 1989 zurück. Seit damals berät Accenture Thames Water in strategischen Fragen und unterstützt das Unternehmen in einer Reihe von Geschäftsbereichen. So entwarf Accenture das Hauptlager von Thames Water, analysierte seine Distributionsprozesse und stellte Einkaufsvorschriften für den Versorgungsbetrieb auf. Durch diese Maßnahme konnte Thames Water die Kosten für Lagerbestände senken und einen effizienteren und zuverlässigeren Kundendienst erbringen.

Thames Water erkannte, daß durch die Auslagerung seiner Beschaffungs- und Logistikaktivitäten nicht nur höhere Service-Levels erreicht, sondern auch die Effizienz gesteigert werden könnte. Zudem könnte sich das Management auf die Wachstumsziele konzentrieren und einen strategischen Kurs für die Entwicklung hin zu einem internationalen Marktteilnehmer festlegen. Auch die Mitarbeiter und Dienstleistungen würden von der modernen Unternehmenskultur eines internationalen Beratungskonzerns profitieren.

Also übertrug Thames Water die Verantwortung für seine Beschaffungs- und Logistikaktivitäten an Connect 2020. Das Unternehmen sollte mit Accenture-Mitarbeitern besetzt werden. Die Vereinbarung sah vor, daß 300 Mitarbeiter von Thames Water – einschließlich Lkw-Fahrer und Lagerarbeiter – zu Accenture wechseln sollten.

Volle Fahrt voraus

Es war abzusehen, daß die Umstellungen und Veränderungen insbesondere den Thames-Water-Mitarbeitern nicht leicht fallen und bei ihnen ein Art „Kulturschock" auslösen würde. Auf Informationsveranstaltungen wurden daher die Vorteile des neuen Geschäftsmodells erklärt und über die Sorgen und Bedürfnisse der Belegschaft offen diskutiert. Darüber hinaus hatten die Mitarbeiter die Gelegenheit, an der Gestaltung des Connect 2020-Logos mitzuarbeiten und die Arbeitsuniform zu entwerfen. Diese und weitere teambildende Aktivitäten sollte den Mitarbeitern nicht nur den Start im neuen Unternehmen erleichtern, sondern auch eine Änderung der Unternehmenskultur in der gesamten Organisation herbeiführen.

Gleichzeitig wurden die wichtigsten Geschäftsprozesse und Managementsysteme bei Thames Water optimiert. Die Einkaufsprozesse wurden verbessert und die Beschaffung von Gütern und Ressourcen, wie beispielsweise Elektrizität, Büromaterialien, Chemikalien und sogar Zeitarbeitskräfte rationalisiert. Ebenfalls reduziert wurde die Zahl der Lieferanten. Durch die Aushandlung neuer Rahmenvereinbarungen konnten darüber hinaus die Preise und Transaktionskosten deutlich gesenkt werden.

Resultate am laufenden Band

Durch die Auslagerung seiner Lieferkette konnte Thames Water bislang Kosten von rund 150 Millionen US-Dollar einsparen. Die Ausgaben für Leistungen und Material sind um 35 Prozent gesunken und sinken jedes Jahr weiter. Auch die Lagerbestände wurden um mehr als die Hälfte abgebaut. Vor allem aber gingen die Kostendämpfungen mit einer gewaltigen Verbesserung des Kundendienstes einher. Die Materialverfügbarkeit – eine wichtige Kennziffer – hat inzwischen 99 Prozent überschritten, was bedeutet, daß die Rohre, Ventile, Tanks und anderen Materialien, die für die Arbeit von Thames Water unverzichtbar sind, bei Bedarf zur Verfügung stehen. Thames Water ist in der Lage, die Wünsche der Kunden heute besser und schneller zu erfüllen als je zuvor.

Nachwort
Die Angst vor Kontrollverlust ist kein Argument gegen Outsourcing

Michael Schulz

Ein oft genanntes Argument gegen ein weitreichendes IT-Outsourcing ist die strategische Bedeutung der IT für das Unternehmen und die Angst davor, die Kontrolle über die IT zu verlieren. In der Tat sind heute die kritischen Geschäftsprozesse von Unternehmen in einem hohen Maß von Informationstechnologie durchzogen beziehungsweise durch die IT miteinander verkettet. Unternehmen sind darauf angewiesen, Informationen permanent in großen Mengen und mit hoher Geschwindigkeit innerhalb der eigenen Organisation sowie mit Kunden und Lieferanten austauschen zu können. Letztlich ist die Qualität der IT in vielen Fällen ein wichtiges Differenzierungsmerkmal. Sie kann z.B. für stärkere Kundenbindung, kürzere Prozeßdurchlaufzeiten, reduzierte Lagerbestände oder einen schnelleren Warenumschlag sorgen. Die Informationstechnologie sichert somit Wettbewerbsvorteile und hat für Unternehmen daher auch eine strategische Bedeutung. Genau deswegen ist es auch unabdingbar, die Kontrolle über die IT zu bewahren.

Eine Best Practice IT-Organisation zeichnet sich durch eine Reihe von Merkmalen aus. Dazu gehören unter anderen:

- Es gibt einen verantwortlichen Ansprechpartner für das Top-Management.
- Die Kosten sind transparent und niedriger als der Branchendurchschnitt.
- Die Investitionen sind profitabel und im Hinblick auf den Geschäftszweck nachvollziehbar.
- Die Servicequalität ist transparent und basiert auf einer Metrik mit Geschäftsrelevanz.
- Wettbewerbsfähiges Know-how ist vorhanden, um auf wechselnde Geschäftsanforderungen schnell reagieren zu können.

In nicht wenigen Unternehmen findet man aber eine völlig andere Situation vor: Oft sind die IT-Kosten in den zurückliegenden fünf Jahren um den Faktor zwei bis drei gestiegen, während die Umsatzrendite nicht annähernd im gleichen Maße gewachsen ist. Gleichzeitig haben Ausfälle von IT-Systemen Umsatzverluste und vielleicht sogar Reputationsschäden verursacht. Auch sind andere der oben angesprochenen Voraussetzungen nicht gegeben. Im Umkehrschluß bedeutet das, daß die IT in solchen Fällen ihrer strategischen Bedeutung nicht mehr gerecht wird. Dies hat unter Umständen negative Konsequenzen für kritische Geschäftsprozesse, die wiederum von der IT abhängen. Es herrscht in diesen Unternehmen in dem Sinne akuter Handlungsbedarf, daß das Unternehmen die Hoheit über seine IT zurückgewinnen muß.

Konsequenterweise geschieht dies durch:

- die Schaffung eines „single point of contact" für alle IT-Fragen des Top-Managements,
- die Transparentmachung der Kosten,
- das kurzfristig und nachhaltige Senken der IT-Kosten in größerem Umfang.

Im Unternehmen müssen also Mechanismen etabliert werden, die die Profitablilität der IT-Vorhaben steuern, die Servicequalität konsequent messen, ein wettbewerbsfähiges Know-how sicherstellen und eine schnelle und zielgerichtete Anpassung der IT an veränderte Geschäftsanforderungen gewährleisten.

Eine solche Herausforderung übersteigt in aller Regel die Erfahrung der eigenen IT-Führungskräfte und die vorhandenen zeitlichen und materiellen Ressourcen. Das Unternehmen benötigt dann einen zuverlässigen Partner, der über die notwendige Kompetenz und Erfahrung verfügt, solche Veränderungsprozesse schnell und zielgerichtet umzusetzen. Ein solcher Partner muß ein ausgewogenes Maß an Industrie Know-how, Technologie-Kompetenz und Change Management-Expertise aufweisen und die Bereitschaft mitbringen, sich am Geschäftserfolg des Unternehmens messen zu lassen.

Genau dies ist aber wiederum der Leitgedanke von Transformational Partnering bzw. Business Transformation Outsourcing: Drastisch reduzierte IT-Kosten bei gleichzeitig steigender Servicequalität geben dem Unternehmen die Kontrolle über die IT zurück. Damit entsteht auch der notwendige Freiraum, das eigentliche Geschäft strategisch weiterzuentwickeln und damit den Shareholder Value signifikant zu erhöhen.

Unternehmen, deren IT-Organisation die genannten Erfordernisse der Best-Practices nicht erfüllen können, haben aus meiner Sicht im Grunde die Steuerung über die IT-Funktionen im Sinne der streng auf das Geschäft ausgerichteten Orientierung bereits verloren. Das gegen Outsourcing vorgebrachte Argument des Kontrollverlustes ist damit gegenstandslos geworden. Es läßt sich vielmehr postulieren, daß Unternehmen durch die angesprochenen besonderen Formen des Outsourcing die Kontrolle über ihre IT sogar wieder zurückgewinnen können.

Daß dieser Gedankengang mehr als eine bloße Vermutung ist, legen auch neuere Untersuchungen zum Thema Outsourcing nahe: In einer aktuellen Accenture-Studie wurden Entscheider aus verschiedenen Industriebereichen zum Thema Outsourcing befragt. 86 Prozent der Führungskräfte geben an, daß sich durch Outsourcing die Steuerungsmöglichkeiten bezüglich der Geschäftsergebnisse erhöht hat. 56 Prozent der Befragten erzielten eine Zunahme der Kontrollfunktionen bereits im ersten Jahr des Outsourcing. Angst vor Kontrollverlust kann also kein Argument gegen Outsourcing sein.

Die Herausgeber

Hendrik C. Jahn

Hendrik C. Jahn ist Partner im Bereich Finanzdienstleister/Versicherungen bei Accenture im Büro Düsseldorf. Er berät überwiegend Versicherungsunternehmen im deutschsprachigen Raum in Fragen der strategischen Ausrichtung, der Optimierung der Geschäftsmodelle sowie in Fragen des Kostenmanagements.

Frank Riemensperger

Frank Riemensperger ist Managing Partner für den Bereich Products im deutschsprachigen Raum bei Accenture. In dieser Funktion ist der Wirtschaftsinformatiker für die Entwicklung und Umsetzung der Accenture Geschäftsstrategie für die produzierenden und verteilenden Industriesegmente verantwortlich. Darüber hinaus ist er stellvertretender Sprecher der Geschäftsführung des Unternehmens in Deutschland.

Dr. Stephan Scholtissek

Dr. Stephan Scholtissek ist Sprecher der Geschäftsführung und Country Managing Director von Accenture Deutschland. Die konsequente Weiterführung der Neupositionierung von Accenture als Business Innovation Partner sowie das Setzen nachhaltiger Wachstumsimpulse für das Deutschlandgeschäft sieht der promovierte Biochemiker als seine wesentlichen Aufgaben und Herausforderungen für die Zukunft an.

Die Autoren

Holger Bill

Holger Bill ist Partner bei Accenture in Berlin. Er berät Bundes- und Landesbehörden in allen Fragen zur Optimierung von Leistungen, Nutzung moderner Informationstechnologien sowie zur organisatorischen Gestaltung einer zukunftsfähigen Verwaltung.

Christophe Châlons

Christophe Châlons ist Geschäftsführer der deutschen Tochter des französischen Unternehmens Pierre Audoin Consultants (PAC). PAC ist die führende europäische Beratungs- und Marktanalysegesellschaft für die Software und IT Services Industrie (SITSI) in Europa und den USA. Seit fast 30 Jahren unterstützt PAC Technologie-Anbieter in der Entwicklung erfolgreicher Wachstumsstrategien mittels Marktstudien und Wettbewerbsanalysen sowie Beratungsleistungen.

Manny Fontenla-Novoa

Manny Fontenla-Novoa ist CEO Thomas Cook UK & Ireland.

Lars Friedrich

Lars Friedrich ist Projektleiter bei Accenture im Bereich Finanzdienstleistungen mit den Schwerpunkten Strategy & Business Architecture und Alternative Sourcing Strategies.

Tom Gellrich

Tom Gellrich ist Research-Assistant am E-Finance Lab Frankfurt (www.efinancelab.de). Zuvor war er als Unternehmensberater bei

KPMG Consulting / BearingPoint in der Financial Services Strategy & Operations Practice tätig.

Dr. Jürgen Gerlach

Dr. Jürgen Gerlach ist Partner bei Accenture im Bereich Resources im Büro München. Er ist verantwortlich für Sourcing-Strategien, Auslagerung von Geschäftsfunktionen und der strategischen Neuausrichtung von Unternehmen u.a. aus den Bereichen Energieversorgung, chemische Industrie und Mineralölindustrie in Europa.

Andreas Hackethal

Anderas Hackethal ist Juniorprofessor am Schwerpunkt Finanzen der Johann-Wolfgang Goethe Universität Frankfurt. Er ist mitverantwortlich für den Themenschwerpunkt „Kreditgeschäft" des E-Finance Labs (www.efinancelab.de); ein Forschungsinstitut, das von den Universitäten Frankfurt und Darmstadt und sieben internationalen Unternehmen der Finanz- und Beratungsbranche getragen wird.

Matthias Horx

Matthias Horx gilt heute als einflussreichster Trend- und Zukunftsforscher im deutschsprachigen Raum. Er studierte u.a. Soziologie, bevor er sich in den 80ern und 90ern als Autor von Büchern über Wertewandel, Technologie und Jugendkulturen einen Namen machte. Als Redakteur war er bei Tempo, Merian und Die Zeit beschäftigt. 1997 gründete er sein Zukunftsinstitut mit Hauptsitz bei Frankfurt am Main. Dieser strategische Think Tank bildet heute die Basis für die leidenschaftliche Mission von Matthias Horx für mehr "Future Fitness", mehr Wandlungsbereitschaft in Gesellschaft, Wirtschaft und Politik.

Norbert Kettner

Norbert Kettner ist Partner bei Accenture im Büro München. Er berät überwiegend Unternehmen der Automobilindustrie in Fragen der strategischen IT-Ausrichtung sowie des Business Process Outsourcing.

Robert Löhr

Robert Löhr studierte Rechtswissenschaften in Mannheim, Freiburg, Heidelberg und an der University of San Diego, Kalifornien (LL.M. 1996). Er ist Partner der internationalen Sozietät Clifford Chance Pünder und berät branchenübergreifend bei komplexen nationalen und länderübergreifenden Sourcing-Projekten. In jüngster Zeit hat er unter anderem Sourcing-Projekte in der Musikindustrie, im Luftverkehrswesen, bei Banken und ein bedeutendes Outsourcing-Projekt der öffentlichen Hand begleitet. Ein weiterer Schwerpunkt seiner Tätigkeit liegt im Wettbewerbs- und Vertriebsrecht.

Frank Mang

Frank Mang ist Partner im Bereich Finanzdienstleister bei Accenture im Büro München. Er berät überwiegend Banken in Fragen des Kredit- und Hypothekengeschäftes sowie des Retail- und Internet-Bankings. Weitere Arbeitsschwerpunkte von Frank Mang sind technische Architekturen (Filialen, Internet, Call Center).

Dr. Olav Noack

Dr. Olav Noack ist bei der UBS WM&BB Leiter des Versicherungsgeschäfts und Aufsichtsratspräsident der beiden UBS eigenen Lebensversicherungsgesellschaften.

Sebastian Raisch

Sebastian Raisch ist Berater im Strategiebereich bei Accenture. Er verfügt über mehrjährige Projekterfahrung in der Europäischen Telekommunikations- und Medienindustrie. Herr Raisch arbeitet derzeit an einer strategischen Analyse der Medienindustrie im Rahmen einer Promotion an der Universität Genf.

Holger Reimers

Holger Reimers ist Partner bei Accenture im Büro Frankfurt. Der Diplom-Kaufmann ist verantwortlich für den Ausbau des Geschäftsfeldes Outsourcing für die Bereiche Telekommunikation & High Tech und Media & Entertainment in Deutschland, Schweiz und Österreich.

David Richards

David Richards ist Chairman International Sportsworld Communicators (ISC).

Michael Schulz

Michael Schulz ist Partner bei Accenture im Büro Frankfurt und berät überwiegend Unternehmen aus den Bereichen Transport und Logistik sowie aus der Industriegüterindustrie. Die Beurteilung von IT-Operating Modellen sowohl aus kommerzieller als auch aus organisatorischer und technischer Sicht gehören seit 14 Jahren zu seinem Tätigkeitsschwerpunkt.

Mark Wahrenburg

Mark Wahrenburg ist Inhaber des Lehrstuhls für Bankbetriebslehre und Sprecher des Schwerpunkts Finanzen an der Universität Frankfurt. Daneben leitet er den Forschungsbereich „Kreditgeschäft" am E-Finance Lab der Universitäten Frankfurt und Darmstadt. Weitere Forschungsgebiete sind Markt- und Kreditrisikomanagement von Banken sowie Venture-Capital-Finanzierung. Neben seiner akademischen Laufbahn hat er umfangreiche Praxiserfahrung aus Beratungstätigkeiten für McKinsey & Company, American Management Systems sowie diverse Banken und Industrieunternehmen gesammelt.